Gilberto Gil + Daniel Kondo

Organizado por
Guilherme Gontijo Flores

UM LIVRO NOS CONVIDA 6

CANÇÕES
PRECISO APRENDER A SÓ SER 12
PALCO 14
BARATO TOTAL 16
BABÁ ALAPALÁ 18
EXPRESSO 2222 20
CORES VIVAS 22
ERA NOVA 24
UM SONHO 26
O SONHO ACABOU 28
REFAVELA 30
FELIZ POR UM TRIZ 32
TODA MENINA BAIANA 34
O SEU AMOR 36
DEIXAR VOCÊ 38
AMOR ATÉ O FIM 40
DRÃO 42
FLORA 44
REBENTO 46
SÍTIO DO PICAPAU AMARELO 48
REFAZENDA 50

tório

SERENO	52
SOL DE MARIA	54
QUEREMOS SABER	56
PARABOLICAMARÁ	58
CÉREBRO ELETRÔNICO	60
OK OK OK	62
SUPERHOMEM — A CANÇÃO	64
ESOTÉRICO	66
REALCE	68
AQUELE ABRAÇO	70
BACK IN BAHIA	72
DOMINGO NO PARQUE	74
SERAFIM	76
PAI E MÃE	78
AQUI E AGORA	80
NÃO TENHO MEDO DA MORTE	82
NÃO TENHO MEDO DA VIDA	84
TEMPO REI	86
SE EU QUISER FALAR COM DEUS	88
PRECE	90
ENTREVISTA	92
ÁRVORE GILNEALÓGICA	106
BIOS	108

UM LIVRO NOS CONVIDA

Poderíamos nos perguntar se a festa é o sentido da vida, ou se o sentido da festa é que deve ser a própria vida. Nos dois casos, ninguém precisa escolher uma só resposta. Tudo está entrelaçado. E a grande graça nisso é a chance de estarmos juntos, partilhando um tempo aprazado para todos, que nunca para de anunciar novas eras neste "eterno é".

A vida e a obra de Gilberto Gil, artista imenso da cultura brasileira que dispensa apresentações, aqui se celebram com sentido em festa e vida, entrelaçadas com seus entes queridos. Estou falando, claro, da família Gil, que comemorou os 80 anos desse filho-marido-pai-avô-bisavô no projeto múltiplo "Nós, a gente", que se desdobrou em documentários, em concertos, num site e neste livro, que agora você tem em mãos. Um eco lindo da expressão "nossa gente"; um agente que se faz por meio de vários nós entrelaçados; nós que nunca mais se desligam, dentro e fora da vida, porque somos todos nós, precisamente — a gente. Escute este som: nós — a — gente. E saiba que todos estão inclusos, de modos muito diferentes.

Bom, se a vida conclama a festa e a "fé na festa", como já diz um disco do próprio Gil, então a celebração, sem medo da morte e sem medo da vida, precisa ser feita e refeita sem parar. É exatamente o que todos puderam conferir numa série de shows pela Europa entre os dias 28 de junho e 31 de julho de 2022, que em 2023 acontecerá de novo pelo Brasil, e no documentário *Em casa com os Gil*, gravado em 2021 e lançado próximo do aniversário do cantor e compositor, em 2022; mas também agora com o novo documentário *Viajando com os Gil*, que sai junto com este livro, e uma nova turnê.

Festa.

Refestança contínua.

Como a vida quer, e como a fé conclama. Entre gente que se ama. Quando está bem junta, fazendo da canção sua forma mais certeira de celebração, quando pega do cântaro da deusa Música o mistério de "fazer cantar o cantar". Ali mesmo quando os nós ficam mais firmes. Dá para ver. Dá para ouvir. Dá para sentir completamente.

Mas este livro, afinal, não é apenas um desdobramento da turnê "Nós, a gente", que chega um ano depois, como que atrasado para a festa. É antes de tudo uma outra festa, ou uma fresta possível para quem quer ver, rever, ouvir, reouvir e *ouver* a obra de Gilberto Gil com olhos novos. Quem conseguiu realizar isso foi Daniel Kondo, um artista visual, designer e ilustrador brasileiro com trajetória e estofo suficientes para saber de corpo e alma que ilustrar é uma arte que vai muito além de dar imagem concreta à imagem mental de um texto. Ilustrar é criar e recriar, é uma invenção recreativa que nos dá novos sentidos para tudo e que nos enlaça na comemoração do mistério que pintar por aí.

Portanto, quem estiver numa imersão atenta das obras aqui apresentadas vai encontrar uma nova relação ou, mais precisamente, novos nós, em que a gente se abre para várias possibilidades antes pouco ou nada pensadas. Kondo consegue fazer isso por apostar numa abordagem minimalista de cores e traços que buscam recriar a marca distintiva da criatividade de Gil: a paleta ilimitada. Proliferação e minimalismo, contrários em encontro. Kondo reinventa possibilidades de Gil para celebrar mais um momento, fazer mais uma refestança na grande celebração que nunca termina, ou que só acaba quando o último de nós se encerrar no universo. É precisamente o que as leitoras e os leitores da obra poderão encontrar em peças como "Palco", na qual o grande número de imagens mentais da letra de Gil é sutilmente incorporado e desenvolvido num cântaro grego de duas cores (amarelo e vermelho) que lança suas águas para cima em amarelo, marrom e azul, ao lado de uma imensa explosão de cores matriciais que terminam por fazer um encontro entre fogos de artifício explodindo e o desabrochar de um dente-de-leão.

Ou em "Babá Alapalá", em que o questionamento iorubano da canção na busca de ancestralidades intermináveis é recriado em figuras de um Gilberto Gil na forma de três matrioscas russas que guardam as cores vermelho e branco, as do orixá Xangô, de quem Gil é filho no candomblé. Ou mesmo em "Domingo no Parque", na qual a narrativa do triângulo amoroso terminado em assassinato é reorganizada sinteticamente em um triângulo e três círculos, que invertidos formam um sorvete tombado e derretendo em sangue. As três bolas podem, na leitura, se tornar os três jovens, opostos a um sol estranhamente azul no céu amarelo. Assim, as tramas da história são refeitas num jogo minimalista de formas geométricas e cores básicas que tocam com sutileza iconográfica a tragédia cantada por Gil.

Porém, para dar conta de tantas refestanças, o projeto editorial foi pensado em três partes, que fazem um todo contínuo e muito bem ligado.

Em primeiro lugar, temos uma reunião de canções que passaram pelas sugestões familiares, que foram ensaiadas para os shows e que por fim entraram nas apresentações de fato. Mas também outras canções que escolhemos por revelarem relances da trajetória artística, conceitual e afetiva de um dos maiores nomes da canção, num movimento que não para de se voltar para os vínculos com seu convívio familiar, no tempo, no espaço e no eterno. Cada canção, uma ilustração. Cada ilustração, um novo olhar sobre a canção. Assim, uma inventa a outra, em texto e imagem, enquanto os sons ressoam por tudo.

Em segundo lugar, vemos a "Árvore Gilnealógica" criada por Kondo; isto é, a grande árvore genealógica que nos faz compreender a riqueza e a singularidade da família Gil, antes e depois de Gilberto. Cada membro está num lugar, entre raiz e galho e fruto, quando sabemos que cada um assume outros lugares à medida que a árvore da vida segue seu percurso.

Em terceiro e último lugar, lemos uma entrevista exclusiva, que Kondo e eu fizemos com Gilberto e Flora Gil, para descobrir ainda mais como foram os preparativos, os bastidores e a farra de estar ali, naqueles dias, e de estar aqui, nesta festa viva, em família.

Aconselho, portanto, que você, leitora e leitor, que acabou de pegar este livro nas mãos, chame sem demora quem você mais ama; aquela família que vai dentro e fora do sangue, com seus vivos e seus mortos, seus carinhos sem tamanho, e que se sentem todos juntos para fazer mais uma celebração. Quando ouvimos o chamado de "nós, a gente", saiba que somos todos nós, eu, vocês, eles, elas, numa mistura de laços que não para de crescer. A festa nos convida.

Guilherme Gontijo Flores

PRECISO APRENDER A SÓ SER

Sabe, gente
É tanta coisa pra gente saber
O que cantar, como andar, onde ir
O que dizer, o que calar, a quem querer

Sabe, gente
É tanta coisa que eu fico sem jeito
Sou eu sozinho e esse nó no peito
Já desfeito em lágrimas que eu luto pra esconder

Sabe, gente
Eu sei que no fundo o problema é só da gente
É só do coração dizer não quando a mente
Tenta nos levar pra casa do sofrer

E quando escutar um samba-canção
Assim como
"Eu preciso aprender a ser só"
Reagir
E ouvir
O coração responder:
"Eu preciso aprender a só ser"

Sabe, gente
É tanta coisa
Que eu nem quero saber

PALCO

Subo nesse palco
Minha alma cheira a talco
Como bumbum de bebê
De bebê
Minha aura clara
Só quem é clarividente pode ver
Pode ver

Trago a minha banda
Só quem sabe onde é Luanda
Saberá lhe dar valor
Dar valor
Vale quanto pesa
Pra quem preza o louco bumbum
      [do tambor
Do tambor

Fogo eterno pra afugentar
O inferno pra outro lugar
Fogo eterno pra consumir
O inferno fora daqui

Venho para a festa
Sei que muitos têm na testa
O deus Sol como um sinal
Um sinal
Eu, como devoto
Trago um cesto de alegrias de quintal
        [de quintal

Há também um cântaro
Quem manda é a deusa Música
Pedindo pra deixar
Pra deixar
Derramar o bálsamo
Fazer o canto, cantar o cantar
Lalaiá

Fogo eterno pra afugentar
O inferno pra outro lugar
Fogo eterno pra consumir
O inferno fora daqui

Lá, lalalalalalá
Lá, lalalalalalá

Quando a gente tá contente
Tanto faz o quente
Tanto faz o frio
Tanto faz
Que eu me esqueça do meu compromisso
Com isso e aquilo que aconteceu dez minutos atrás

Dez minutos atrás de uma ideia já dão
Pra uma teia de aranha crescer
E prender
Sua vida na cadeia do pensamento
Que de um momento pro outro começa a doer

Lá, lalalalalalá

Quando a gente tá contente
Gente é gente, gato é gato
Barata pode ser um barato total
Tudo que você disser deve fazer bem
Nada que você comer deve fazer mal

Quando a gente tá contente
Nem pensar que tá contente
Nem pensar que tá contente a gente quer
Nem pensar a gente quer
A gente quer, a gente quer
A gente quer é viver

Lá, lalalalalalá

BABÁ ALAPALÁ

Aganju, Xangô
Alapalá, Alapalá, Alapalá
Xangô, Aganju

O filho perguntou pro pai:
"Onde é que tá o meu avô
O meu avô, onde é que tá?"

O pai perguntou pro avô:
"Onde é que tá meu bisavô
Meu bisavô, onde é que tá?"

Avô perguntou bisavô:
"Onde é que tá tataravô
Tataravô, onde é que tá?"

Tataravô, bisavô, avô
Pai Xangô, Aganju
Viva egum, babá Alapalá!

Aganju, Xangô
Alapalá, Alapalá, Alapalá
Xangô, Aganju

Alapalá, egum, espírito elevado ao céu
Machado alado, asas do anjo
Aganju Alapalá, egum, espírito elevado
[ao céu
Machado astral, ancestral do metal
Do ferro natural
Do corpo preservado
Embalsamado em bálsamo sagrado
Corpo eterno e nobre de um rei nagô
Xangô

EXPRESSO 2222

Começou a circular o Expresso 2222
Que parte direto de Bonsucesso pra depois
Começou a circular o Expresso 2222
Da Central do Brasil
Que parte direto de Bonsucesso
Pra depois do ano 2000

Dizem que tem muita gente de agora
Se adiantando, partindo pra lá
Pra 2001 e 2 e tempo afora
Até onde essa estrada do tempo vai dar
Do tempo vai dar
Do tempo vai dar, menina, do tempo vai

Segundo quem já andou no Expresso
Lá pelo ano 2000 fica a tal
Estação final do percurso-vida
Na terra-mãe concebida
De vento, de fogo, de água e sal
De água e sal
De água e sal
Ô, menina, de água e sal

Dizem que parece o bonde do morro
Do Corcovado daqui
Só que não se pega e entra e senta e anda
O trilho é feito um brilho que não tem fim
Oi, que não tem fim
Que não tem fim
Ô, menina, que não tem fim

Nunca se chega no Cristo concreto
De matéria ou qualquer coisa real
Depois de 2001 e 2 e tempo afora
O Cristo é como quem foi visto subindo ao céu
Subindo ao céu
Num véu de nuvem brilhante subindo ao céu

CORES VIVAS

Tomar pé
Na maré desse verão
Esperar
Pelo entardecer
Mergulhar
Na profunda sensação
De gozar
Desse bom viver

Bom viver
Graças ao calor do sol
Benfeitor
Dessa região
Natural
Da jangada, do coqueiral
Do pescador
De cor azul
Bela visão
Cartão-postal
Sabor do mel, vigor do sal
Cores da pena de pavão
Cenas de uma vibração total

Cores vivas
Eu penso em nós
Pobres mortais
Quantos verões
Verão nossos
Olhares fãs
Fãs desses céus
Tão azuis

ERA NOVA

Falam tanto numa nova era
Quase esquecem do eterno é
Só você poder me ouvir agora
Já significa que dá pé

Novo tempo sempre se inaugura
A cada instante que você viver
O que foi já era, e não há era
Por mais nova que possa trazer de volta
O tempo que você perdeu, perdeu, não volta
Embora o mundo, o mundo, dê tanta volta
Embora olhar o mundo cause tanto medo
Ou talvez tanta revolta

A verdade sempre está na hora
Embora você pense que não é
Como seu cabelo cresce agora
Sem que você possa perceber
Os cabelos da eternidade
São mais longos que os tempos de agora
São mais longos que os tempos de outrora
São mais longos que os tempos da era nova
Da nova, nova, nova, nova, nova era
Da era, era, era, era, era nova
Da nova, nova, nova, nova, nova era
Da era, era, era, era, era nova
Que sempre esteve e está pra nascer
Falam tanto

UM SONHO

Eu tive um sonho
Que eu estava certo dia
Num congresso mundial
Discutindo economia

Argumentava
Em favor de mais trabalho
Mais emprego, mais esforço
Mais controle, mais-valia

Falei de polos
Industriais, de energia
Demonstrei de mil maneiras
Como que um país crescia

E me bati
Pela pujança econômica
Baseada na tônica
Da tecnologia

Apresentei
Estatísticas e gráficos
Demonstrando os maléficos
Efeitos da teoria

Principalmente
A do lazer, do descanso
Da ampliação do espaço
Cultural da poesia

Disse por fim
Para todos os presentes
Que um país só vai pra frente
Se trabalhar todo dia

Estava certo
De que tudo o que eu dizia
Representava a verdade
Pra todo mundo que ouvia

Foi quando um velho
Levantou-se da cadeira
E saiu assoviando
Uma triste melodia

Que parecia
Um prelúdio bachiano
Um frevo pernambucano
Um choro do Pixinguinha

E no salão
Todas as bocas sorriram
Todos os olhos me olharam
Todos os homens saíram

Um por um
Um por um
Um por um
Um por um

Fiquei ali
Naquele salão vazio
De repente senti frio
Reparei: estava nu

Me despertei
Assustado e ainda tonto
Me levantei e fui de pronto
Pra calçada ver o céu azul

Os estudantes
E operários que passavam
Davam risada e gritavam:
"Viva o índio do Xingu!"

"Viva o índio do Xingu!
Viva o índio do Xingu!
Viva o índio do Xingu!
Viva o índio do Xingu!"

O SONHO ACABOU

O sonho acabou
Quem não dormiu no sleeping-bag nem sequer sonhou

O sonho acabou hoje, quando o céu
Foi de-manhando, dissolvindo, vindo, vindo
Dissolvendo a noite na boca do dia
O sonho acabou
Dissolvendo a pílula de vida do doutor Ross
Na barriga de Maria

O sonho acabou desmanchando
A transa do doutor Silvana
A trama do doutor Fantástico
E o meu melaço de cana
O sonho acabou transformando
O sangue do cordeiro em água
Derretendo a minha mágoa
Derrubando a minha cama

O sonho acabou
Foi pesado o sono pra quem não sonhou

Iaiá, kiriê,
Kiriê, iaiá

A refavela
Revela aquela
Que desce o morro e vem transar
O ambiente
Efervescente
De uma cidade a cintilar

A refavela
Revela o salto
Que o preto pobre tenta dar
Quando se arranca
Do seu barraco
Prum bloco do BNH

A refavela, a refavela, ó
Como é tão bela, como é tão bela, ó

A refavela
Revela a escola
De samba paradoxal
Brasileirinho
Pelo sotaque
Mas de língua internacional

A refavela
Revela o passo
Com que caminha a geração
Do black jovem
Do black-Rio
Da nova dança no salão

Iaiá, kiriê,
Kiriê, iaiá

A refavela
Revela o choque
Entre a favela-inferno e o céu
Baby-blue-rock
Sobre a cabeça
De um povo-chocolate-e-mel

A refavela
Revela o sonho
De minha alma, meu coração
De minha gente
Minha semente
Preta Maria, Zé, João

A refavela, a refavela, ó
Como é tão bela, como é tão bela, ó

A refavela
Alegoria
Elegia, alegria e dor
Rico brinquedo
De samba-enredo
Sobre medo, segredo e amor

A refavela
Batuque puro
De samba duro de marfim
Marfim da costa
De uma Nigéria
Miséria, roupa de cetim

Iaiá, kiriê,
Kiriê, iaiá

FELIZ POR UM TRIZ

Sou feliz por um triz
Por um triz sou feliz

Mal escapo à fome
Mal escapo aos tiros
Mal escapo aos homens
Mal escapo ao vírus
Passam raspando
Tirando até meu verniz

O fato é que eu me viro mais que picolé
Em boca de banguelo
Por pouco, mas eu sempre tiro o dedo — é
Na hora da porrada do martelo
E sempre fica tudo azul, mesmo depois
Do medo me deixar verde-amarelo
Liga-se a luz do abajur lilás
Mesmo que por um fio de cabelo

Sou feliz por um triz
Por um triz sou feliz

Eu já me acostumei com a chaminé bem quente
Do Expresso do Ocidente
Seguro que eu me safo até muito bem
Andando pendurado nesse trem
As luzes da cidade-mocidade vão
Guiando por aí meu coração
Chama-se o Aladim da lâmpada neon
E de repente fica tudo bom

TODA MENINA BAIANA

Toda menina baiana tem um santo, que Deus dá
Toda menina baiana tem encanto, que Deus dá
Toda menina baiana tem um jeito, que Deus dá
Toda menina baiana tem defeito também que Deus dá

Que Deus deu
Que Deus dá

Que Deus entendeu de dar a primazia
Pro bem, pro mal, primeira mão na Bahia
Primeira missa, primeiro índio abatido também
Que Deus deu

Que Deus entendeu de dar toda magia
Pro bem, pro mal, primeiro chão na Bahia
Primeiro carnaval, primeiro pelourinho também
Que Deus deu

Que Deus deu
Que Deus dá

O SEU AMOR

O seu amor
Ame-o e deixe-o
Livre para amar
Livre para amar
Livre para amar

O seu amor
Ame-o e deixe-o
Ir aonde quiser
Ir aonde quiser
Ir aonde quiser

O seu amor
Ame-o e deixe-o brincar
Ame-o e deixe-o correr
Ame-o e deixe-o cansar
Ame-o e deixe-o dormir em paz

O seu amor
Ame-o e deixe-o
Ser o que ele é
Ser o que ele é
Ser o que ele é

DEIXAR VOCÊ

Deixar você ir
Não vai ser bom, não vai ser
Bom pra você, nem melhor pra mim

Pensar que é só
Deixar de ver e acabou
Vai acabar muito pior

Pra que mentir e
Fingir que o horizonte
Termina ali defronte
E a ponte acaba aqui?

Vamos seguir
Reinventar o espaço
Juntos manter o passo
Não ter cansaço
Não crer no fim

O fim do amor, oh, não
Alguma dor, talvez sim
Que a luz nasce na escuridão

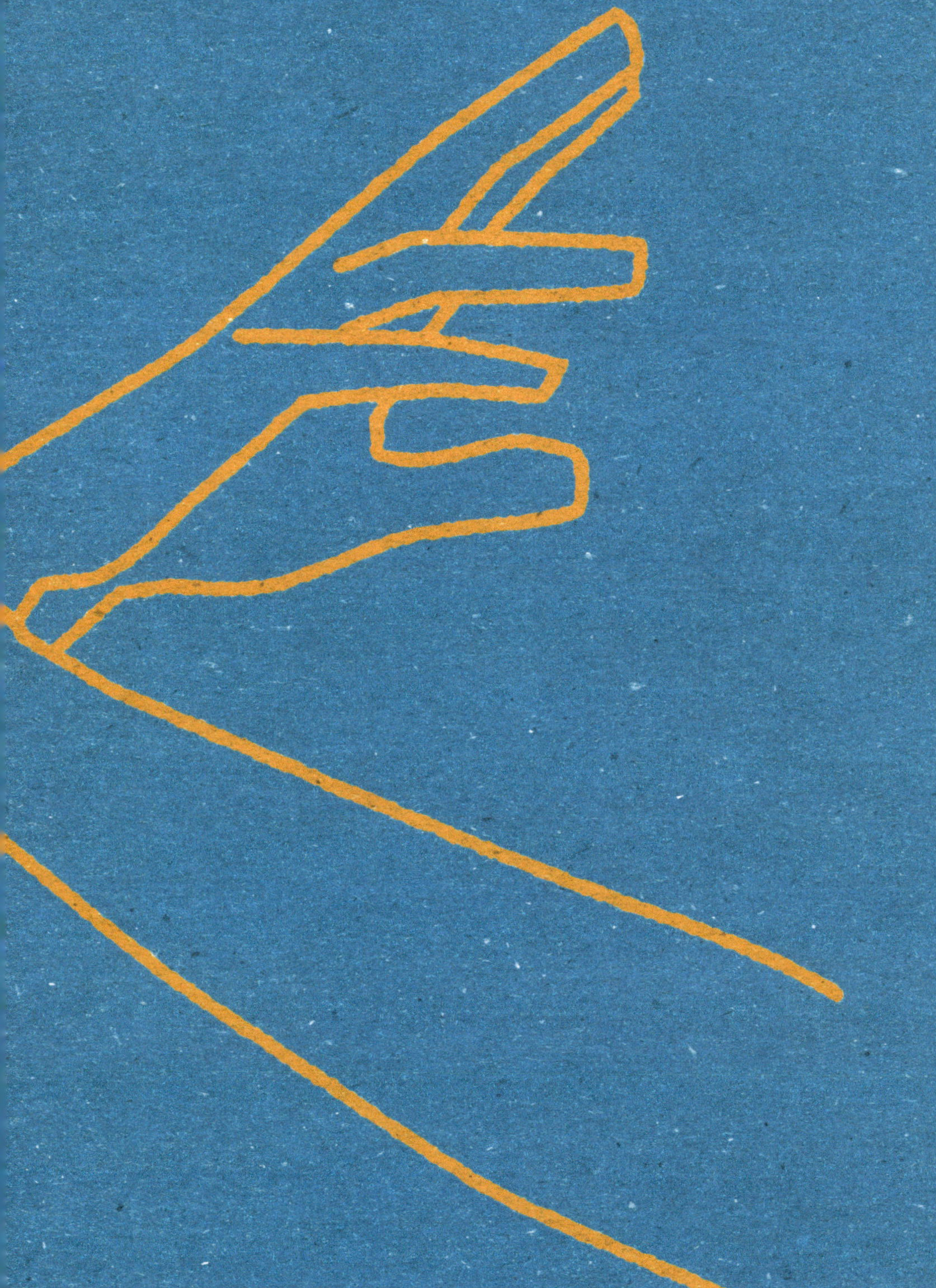

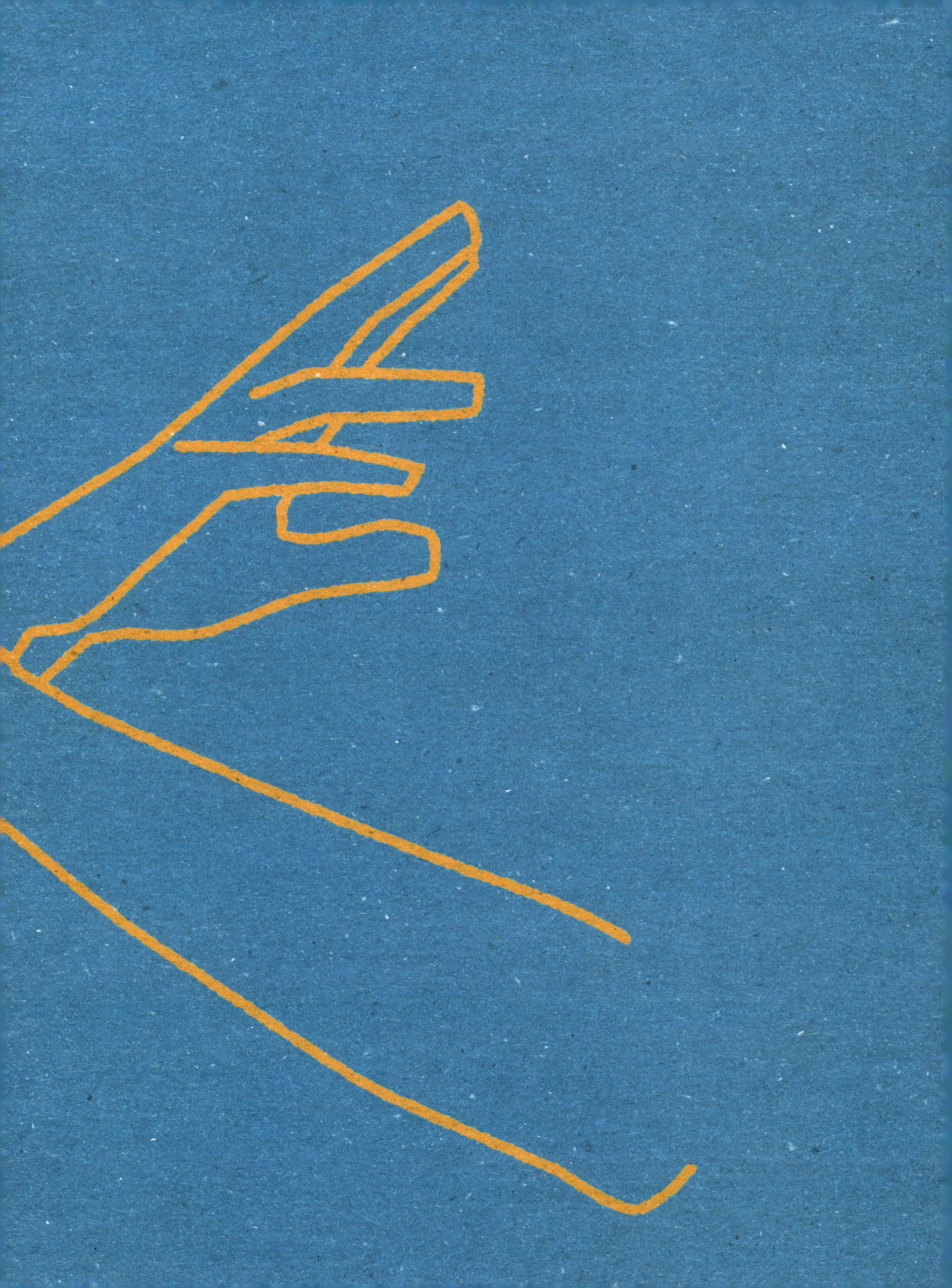

AMOR ATÉ O FIM

Amor não tem que se acabar
Eu quero e sei que vou ficar
Até o fim eu vou te amar
Até que a vida em mim resolva se apagar

O amor é como a rosa no jardim
A gente cuida, a gente olha
A gente deixa o sol bater
Pra crescer, pra crescer

A rosa do amor tem sempre que crescer
A rosa do amor não vai despetalar
Pra quem cuida bem da rosa
Pra quem sabe cultivar

Amor não tem que se acabar
Até o fim da minha vida eu vou te amar
Eu sei que o amor não tem que se apagar
Até o fim da minha vida eu vou te amar

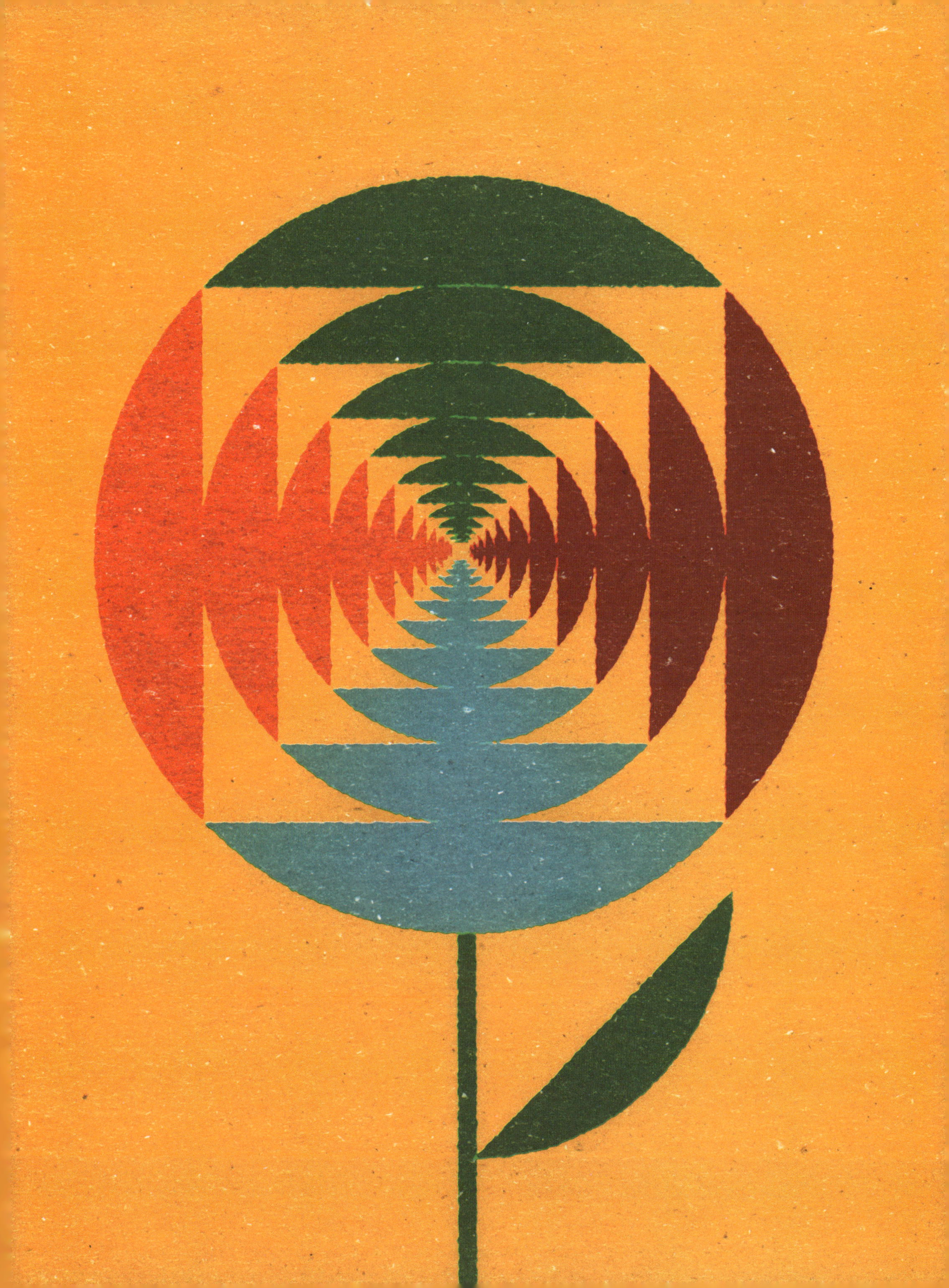

DRÃO

Drão
O amor da gente é como um grão
Uma semente de ilusão
Tem que morrer pra germinar
Plantar nalgum lugar
Ressuscitar no chão
Nossa semeadura
Quem poderá fazer
Aquele amor morrer!
Nossa caminhadura
Dura caminhada
Pela estrada escura

Drão
Não pense na separação
Não despedace o coração
O verdadeiro amor é vão
Estende-se, infinito
Imenso monolito
Nossa arquitetura
Quem poderá fazer
Aquele amor morrer!
Nossa caminha dura
Cama de tatame
Pela vida afora

Drão
Os meninos são todos sãos
Os pecados são todos meus
Deus sabe a minha confissão
Não há o que perdoar
Por isso mesmo é que há
De haver mais compaixão
Quem poderá fazer
Aquele amor morrer
Se o amor é como um grão!
Morrenasce, trigo
Vivemorre, pão

Drão

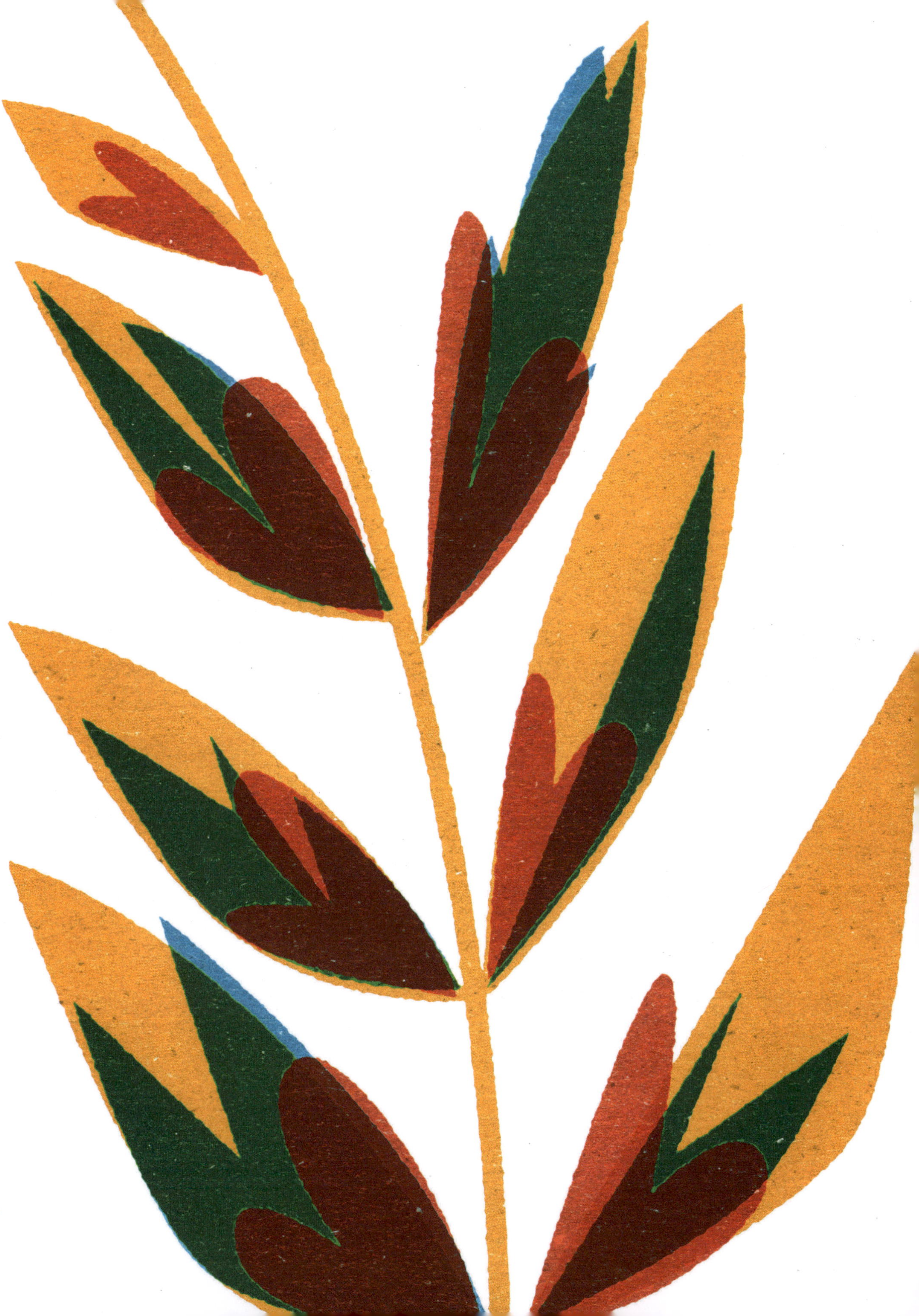

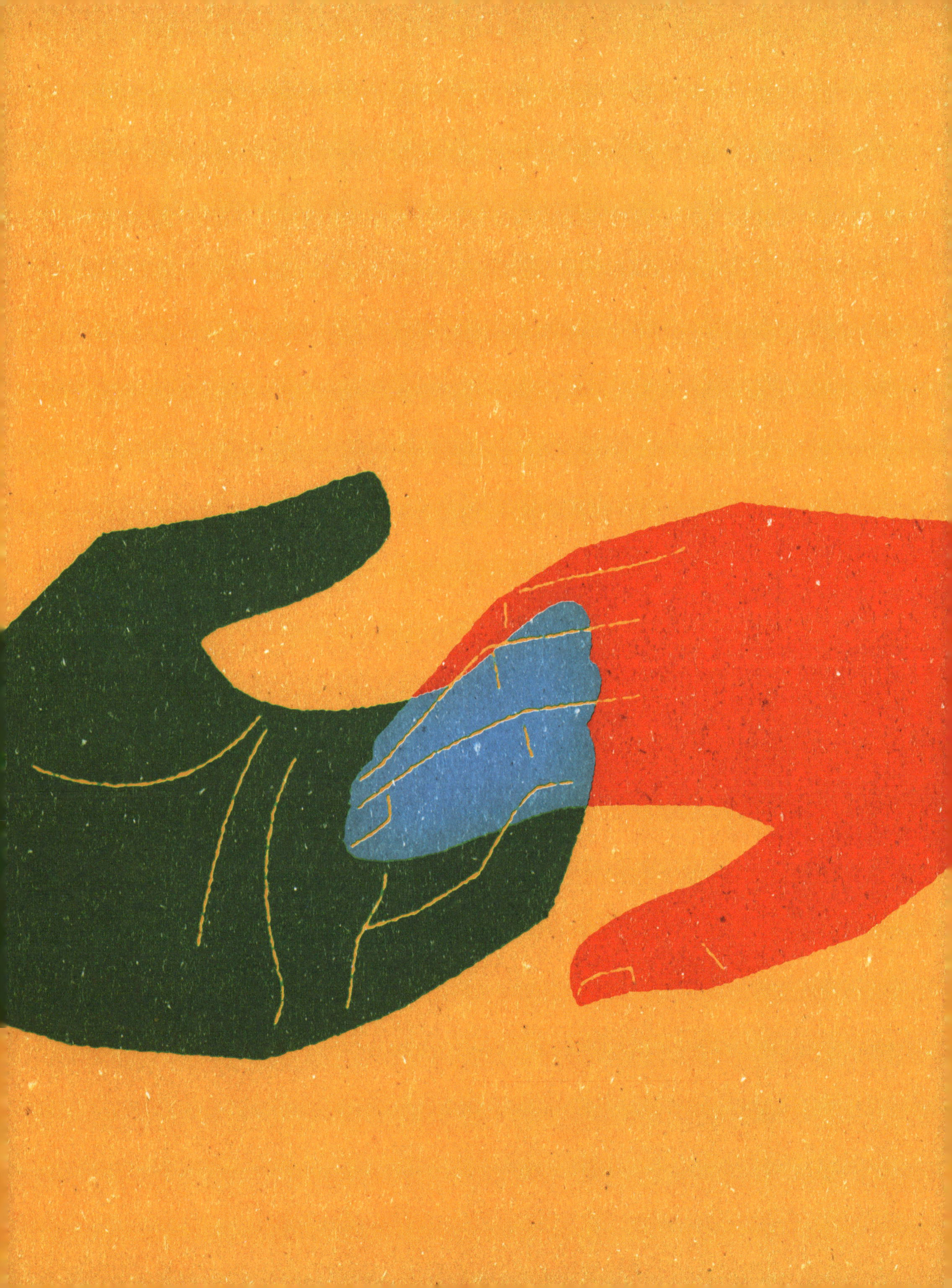

FLORA

Imagino-te já idosa
Frondosa toda a folhagem
Multiplicada a ramagem
De agora

Tendo tudo transcorrido
Flores e frutos da imagem
Com que faço essa viagem
Pelo reino do teu nome
Ó, Flora

Imagino-te jaqueira
Postada à beira da estrada
Velha, forte, farta, bela
Senhora

Pelo chão, muitos caroços
Como que restos dos nossos
Próprios sonhos devorados
Pelo pássaro da aurora
Ó, Flora

Imagino-te futura
Ainda mais linda, madura
Pura no sabor de amor e
De amora

Toda aquela luz acesa
Na doçura e na beleza
Terei sono, com certeza
Debaixo da tua sombra
Ó, Flora

REBENTO

Rebento, substantivo abstrato
O ato, a criação, o seu momento
Como uma estrela nova e o seu barato
Que só Deus sabe lá no firmamento

Rebento, tudo que nasce é rebento
Tudo que brota, que vinga, que medra
Rebento raro como flor na pedra
Rebento farto como trigo ao vento

Outras vezes rebento simplesmente
No presente do indicativo
Como a corrente de um cão furioso
Como as mãos de um lavrador ativo

Às vezes mesmo perigosamente
Como acidente em forno radioativo
Às vezes, só porque fico nervoso
Às vezes, somente porque eu estou vivo

Rebento, a reação imediata
A cada sensação de abatimento
Rebento, o coração dizendo: "Bata"
A cada bofetão do sofrimento

Rebento, esse trovão dentro da mata
E a imensidão do som
E a imensidão do som
E a imensidão do som desse momento

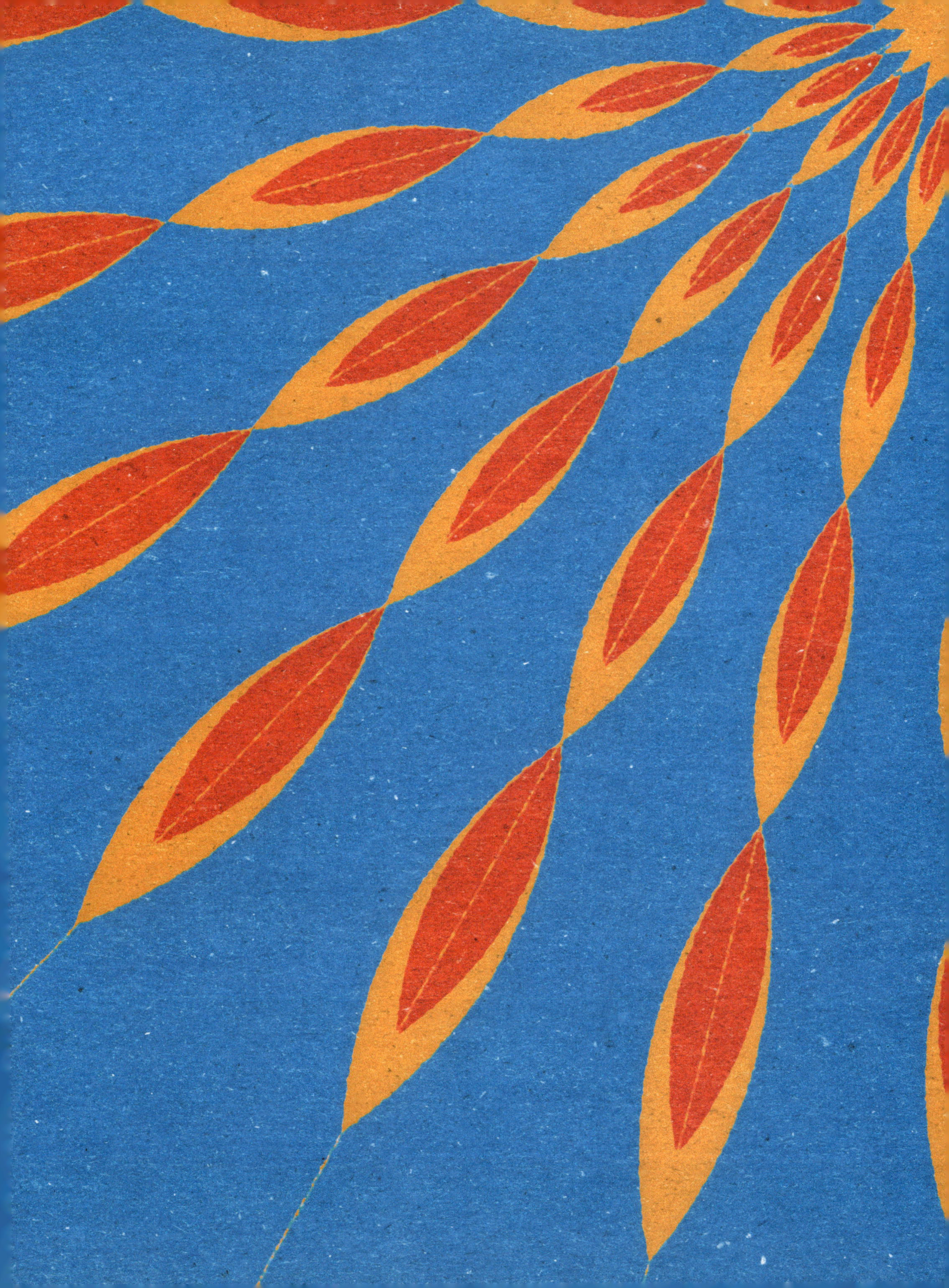

SÍTIO DO PICAPAU AMARELO

Marmelada de banana
Bananada de goiaba
Goiabada de marmelo
Sítio do Picapau Amarelo

Boneca de pano é gente
Sabugo de milho é gente
O sol nascente é tão belo
Sítio do Picapau Amarelo

Rios de prata piratas
Voo sideral na mata
Universo paralelo
Sítio do Picapau Amarelo

No país da fantasia
Num estado de euforia
Cidade Polichinelo
Sítio do Picapau Amarelo

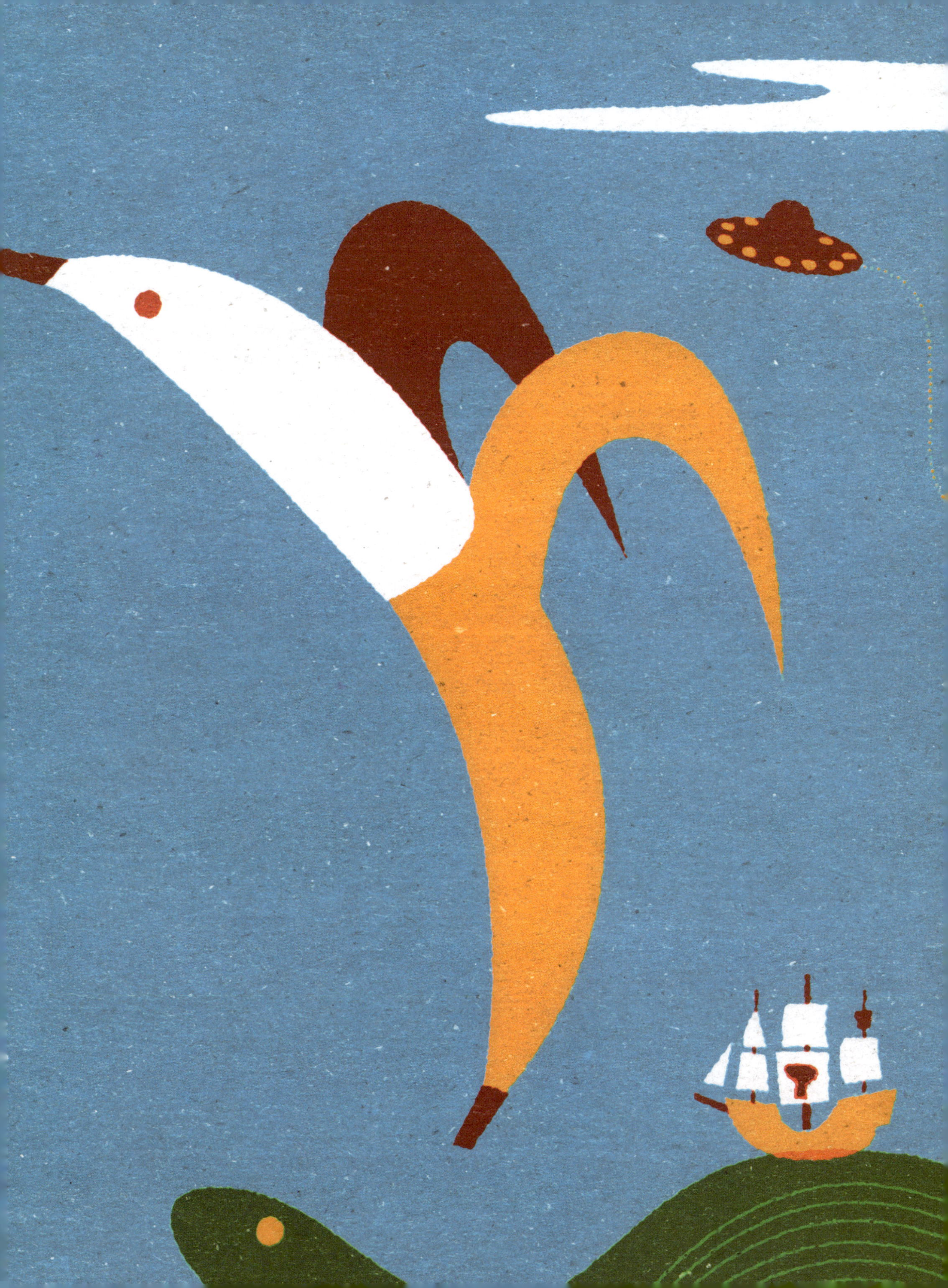

RE
FA
ZEN
DA

Abacateiro
Acataremos teu ato
Nós também somos do mato
Como o pato e o leão
Aguardaremos
Brincaremos no regato
Até que nos tragam frutos
Teu amor, teu coração

Abacateiro
Teu recolhimento é justamente
O significado
Da palavra temporão
Enquanto o tempo
Não trouxer teu abacate
Amanhecerá tomate
E anoitecerá mamão

Abacateiro
Sabes ao que estou me referindo
Porque todo tamarindo tem
O seu agosto azedo
Cedo, antes que o janeiro
Doce manga venha ser também

Abacateiro
Serás meu parceiro solitário
Nesse itinerário
Da leveza pelo ar
Abacateiro
Saiba que na refazenda
Tu me ensina a fazer renda
Que eu te ensino a namorar

Refazendo tudo
Refazenda
Refazenda toda
Guariroba

SERENO

Vovô gostou do nome Sereno
Vovó gostou do nome Sereno
Tem mais dois aqui
Tem mais dois aqui
Tem mais dois irmãos pra te curtir

Vovô gostou do nome Sereno
Vovó gostou do nome Sereno
Será que vem peixinho
Será que vem depois
Será que vem um pouco dos dois

Sereno quer dizer que você será
Será suave, ameno e tranquilo, será?
E quando for mamar na mamãe, será
Não vai querer morder seu mamilo, será?

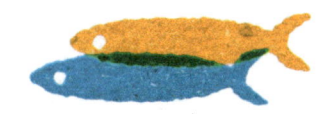

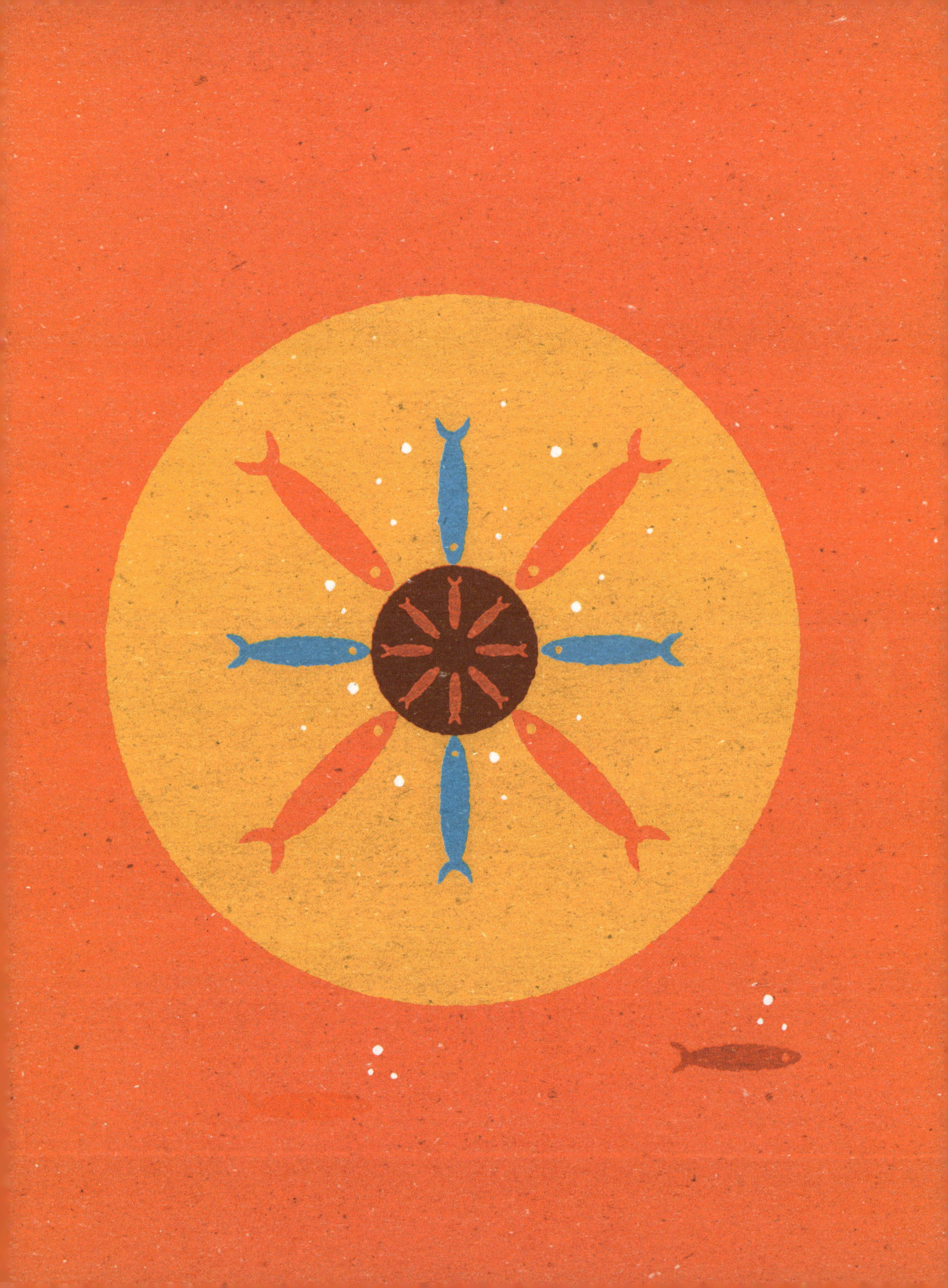

SOL DE MARIA

Uma gotinha de orvalho pra lhe batizar
Uma estrelinha, a mais cadente do céu
Uma pedrinha de cascalho presa em seu colar
Pedra da rua aonde você nasceu

Se a vida resolveu que iria lhe chamar de Sol
Um raio vivo desse nosso astro-rei
Que seja a luz do dia, sua guia, seu farol
Porque da noite, amor, da noite eu não sei

Que o mundo seja bom, que o mundo seja bom pra nós
Seus pais, seus tios, seus primos, avós e bisavós
Que o mundo seja o que deseja sua geração
Todos que estão aqui e mais todos os que virão

Uma gotinha de orvalho pra lhe abençoar
Que toda água vem da fonte de Deus
Que o sol de Maria, que irradia seu chamar
Aqueça os sonhos seus

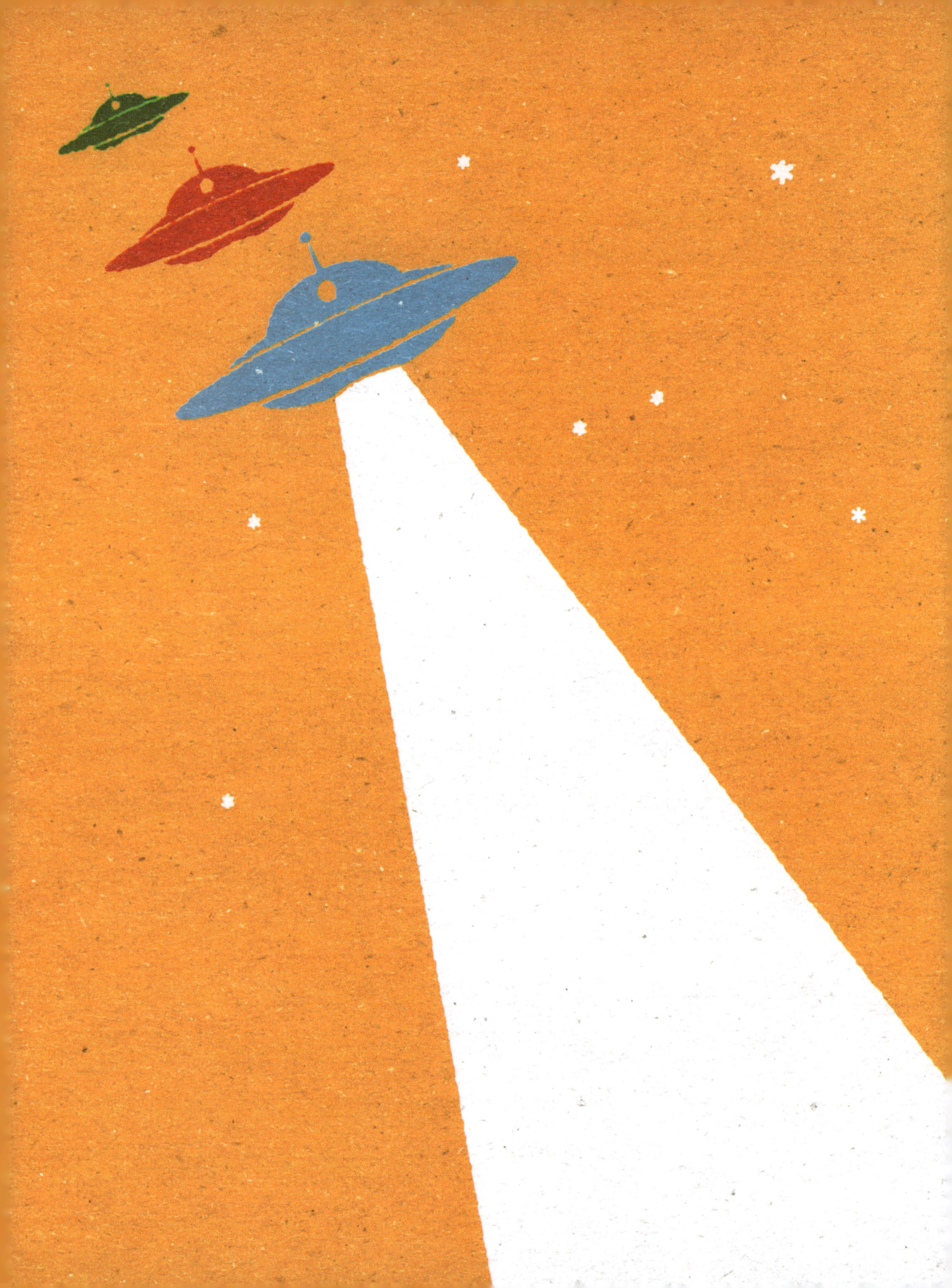

QUEREMOS SABER

Queremos saber
O que vão fazer
Com as novas invenções
Queremos notícia mais séria
Sobre a descoberta da antimatéria
E suas implicações
Na emancipação do homem
Das grandes populações
Homens pobres das cidades
Das estepes, dos sertões

Queremos saber
Quando vamos ter
Raio laser mais barato
Queremos de fato um relato
Retrato mais sério
Do mistério da luz
Luz do disco voador
Pra iluminação do homem
Tão carente e sofredor
Tão perdido na distância
Da morada do Senhor

Queremos saber
Queremos viver
Confiantes no futuro
Por isso se faz necessário
Prever qual o itinerário da ilusão
A ilusão do poder
Pois se foi permitido ao homem
Tantas coisas conhecer
É melhor que todos saibam
O que pode acontecer

Queremos saber
Queremos saber
Todos queremos saber

PARABOLICAMARÁ

Antes mundo era pequeno
Porque Terra era grande
Hoje mundo é muito grande
Porque Terra é pequena
Do tamanho da antena parabolicamará
Ê, volta do mundo, camará
Ê, ê, mundo dá volta, camará

Antes longe era distante
Perto, só quando dava
Quando muito, ali defronte
E o horizonte acabava
Hoje lá trás dos montes, den de casa,
                              [camará
Ê, volta do mundo, camará
Ê, ê, mundo dá volta, camará

De jangada leva uma eternidade
De saveiro leva uma encarnação

Pela onda luminosa
Leva o tempo de um raio
Tempo que levava Rosa
Pra aprumar o balaio
Quando sentia que o balaio ia
                              [escorregar
Ê, volta do mundo, camará
Ê, ê, mundo dá volta, camará

Esse tempo nunca passa
Não é de ontem nem de hoje
Mora no som da cabaça
Nem tá preso nem foge
No instante que tange o berimbau,
                              [meu camará
Ê, volta do mundo, camará
Ê, ê, mundo dá volta, camará

De jangada leva uma eternidade
De saveiro leva uma encarnação
De avião, o tempo de uma saudade

Esse tempo não tem rédea
Vem nas asas do vento
O momento da tragédia
Chico, Ferreira e Bento
Só souberam na hora do destino
                              [apresentar
Ê, volta do mundo, camará
Ê, ê, mundo dá volta, camará

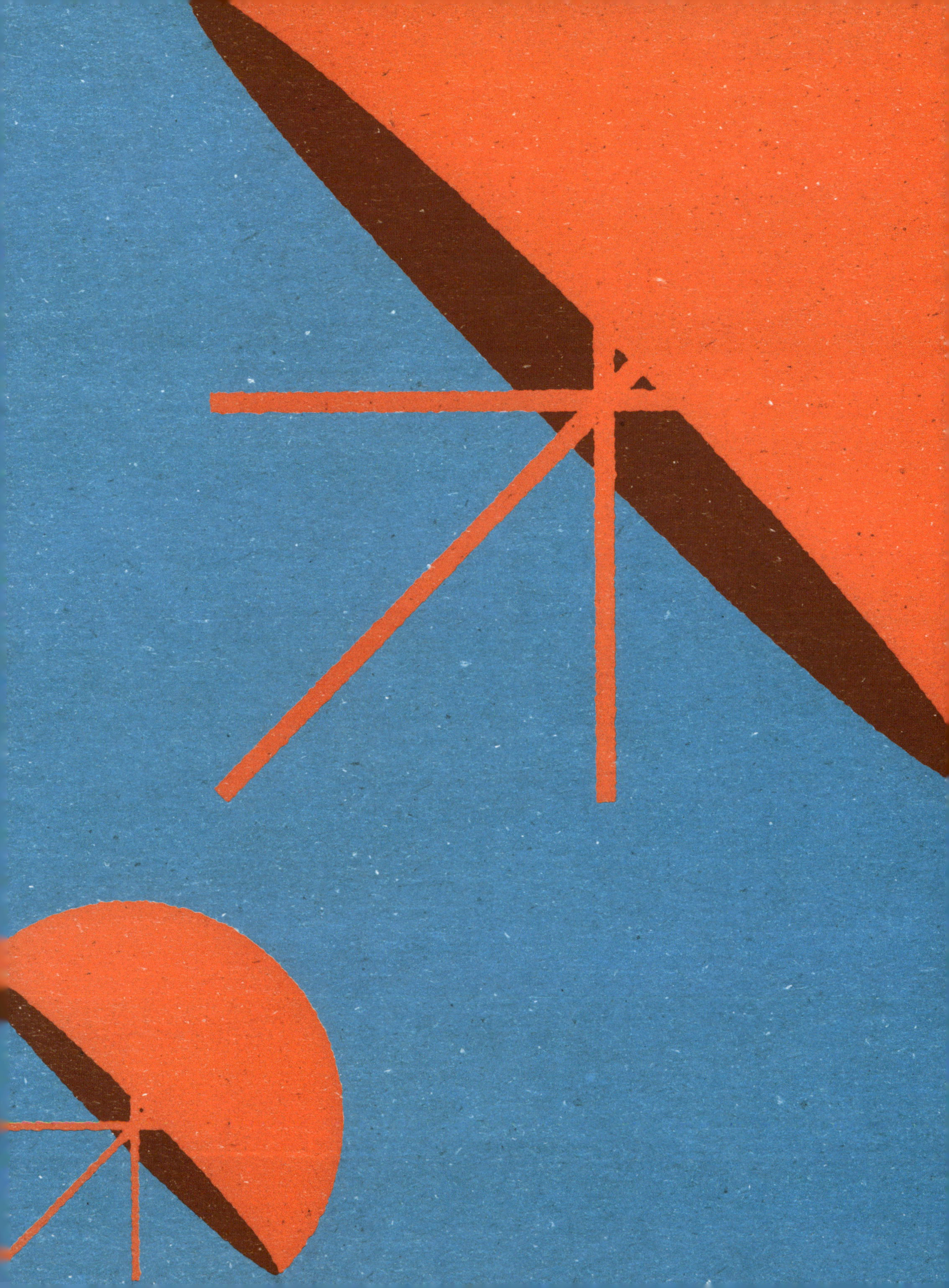

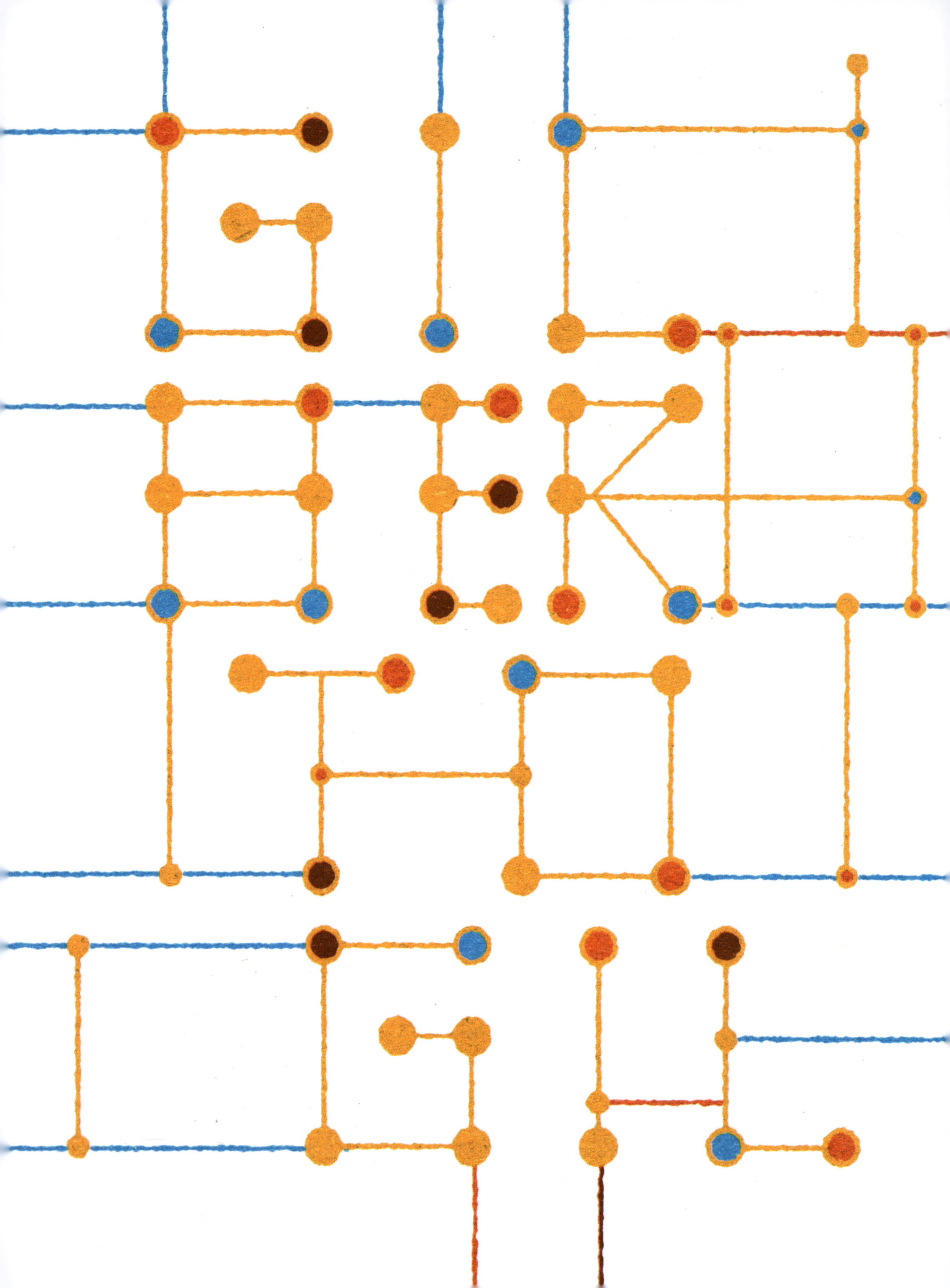

CÉREBRO ELETRÔNICO

O cérebro eletrônico faz tudo
Faz quase tudo
Quase tudo
Mas ele é mudo

O cérebro eletrônico comanda
Manda e desmanda
Ele é quem manda
Mas ele não anda

Só eu posso pensar se Deus existe
Só eu
Só eu posso chorar quando estou triste
Só eu
Eu cá com meus botões de carne e osso
Hum, hum
Eu falo e ouço
Hum, hum
Eu penso e posso

Eu posso decidir se vivo ou morro
Porque
Porque sou vivo, vivo pra cachorro
E sei
Que cérebro eletrônico nenhum me dá socorro
Em meu caminho inevitável para a morte

Porque sou vivo, ah, sou muito vivo
E sei
Que a morte é nosso impulso primitivo
E sei
Que cérebro eletrônico nenhum me dá socorro
Com seus botões de ferro e seus olhos de vidro

OK, OK, OK, OK, OK, OK
Já sei que querem a minha opinião
Um papo reto sobre o que eu pensei
Como interpreto a tal, a vil situação

Penúria, fúria, clamor, desencanto
Substantivos duros de roer
Enquanto os ratos roem o poder
Os corações da multidão aos prantos

Alguns sugerem que eu saia no grito
Outros que eu me quede quieto e mudo
E eis que alguém me pede "Encarne o mito
Seja nosso herói, resolva tudo"

OK, OK, OK, OK, OK, OK
Já sei que querem a minha opinião
Um papo reto sobre o que eu pensei
Como interpreto a tal, a vil situação

Dos tantos que me preferem calado
Poucos deles falam em meu favor
A maior parte adere ao coro irado
Dos que me ferem com ódio e terror

OK
OK
OK

Já para os que me querem mais ativo
Mais solidário com o sofrer do pobre
Espero que minh'alma seja nobre
O suficiente enquanto eu estiver vivo

OK, OK, OK, OK, OK, OK
Ainda querem a minha opinião
Um papo reto sobre o que eu pensei
Como interpreto a tal, a vil situação

Que o nobre, nobre mesmo, amava os seus
Prezava mais o zelo e a compaixão
Tratava seu vassalo com afeição.
A mesma que pelo cão e o cavalo

Então não falo, músico e poeta,
Me calo sobre as certezas e os fins
Meu papo reto sai sobre patins
A deslizar sobre os alvos e as metas

OK, OK, OK, OK, OK, OK
Sei que não dei nenhuma opinião
É que eu pensei, pensei, pensei, pensei...
Palavras dizem sim, os fatos dizem não

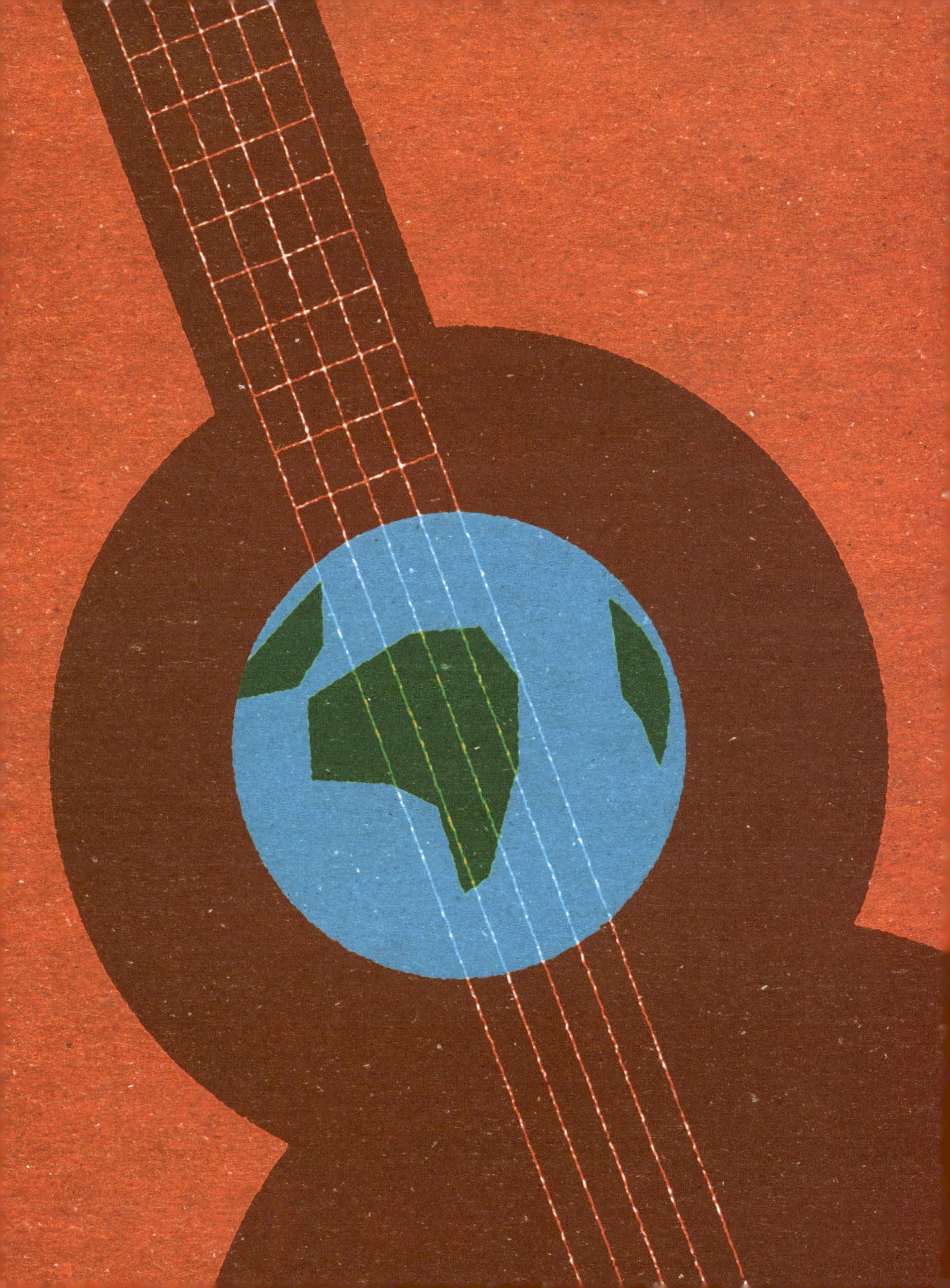

SUPERHOMEM —A CANÇÃO

Um dia
Vivi a ilusão de que ser homem bastaria
Que o mundo masculino tudo me daria
Do que eu quisesse ter

Que nada
Minha porção mulher, que até então se resguardara
É a porção melhor que trago em mim agora
É que me faz viver

Quem dera
Pudesse todo homem compreender, oh, mãe, quem dera
Ser o verão o apogeu da primavera
E só por ela ser

Quem sabe
O Superhomem venha nos restituir a glória
Mudando como um deus o curso da história
Por causa da mulher

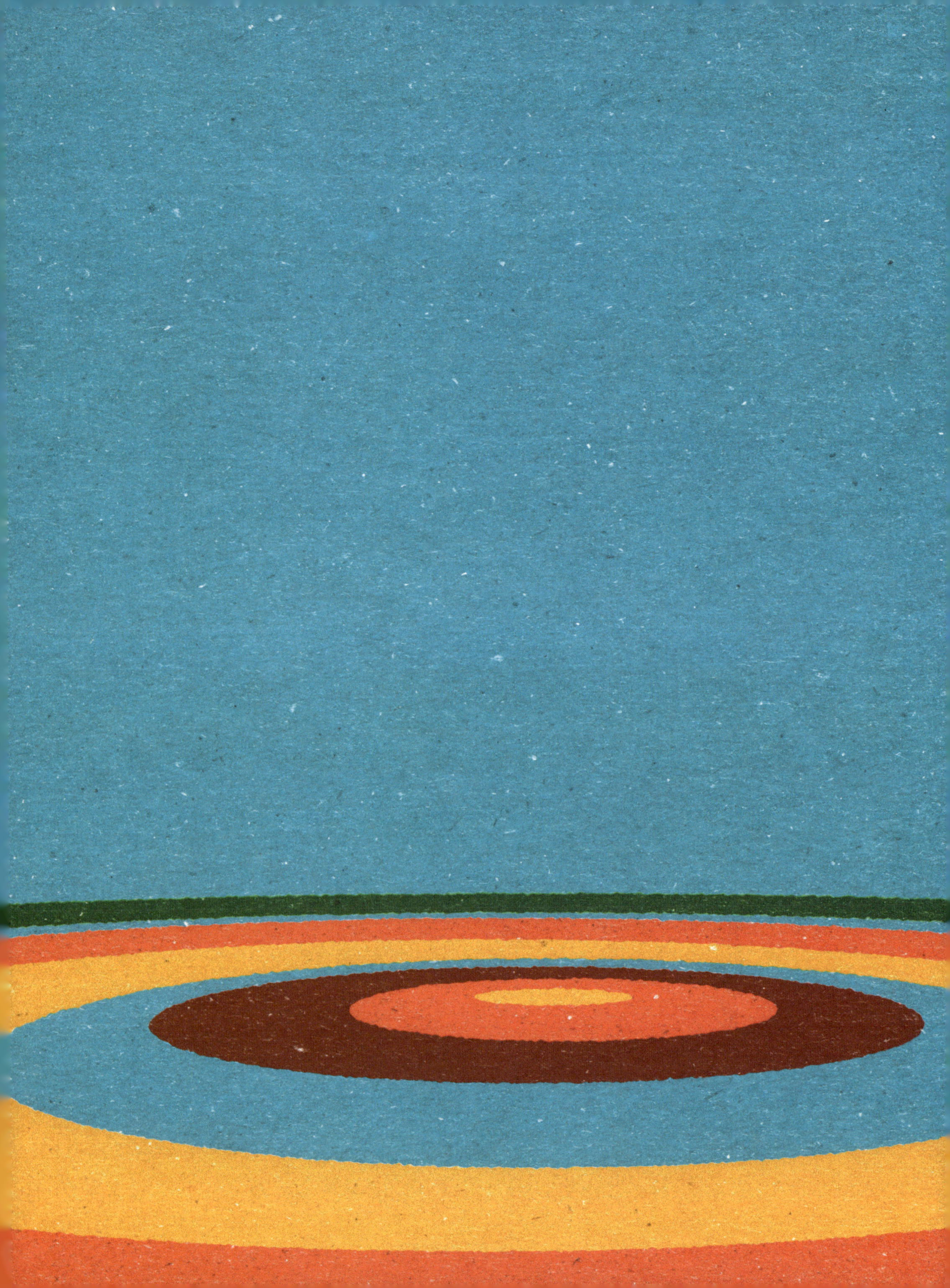

ESOTÉRICO

Não adianta nem me abandonar
Porque mistério sempre há de pintar por aí
Pessoas até muito mais vão lhe amar
Até muito mais difíceis que eu pra você
Que eu, que dois, que dez, que dez milhões
Todos iguais

Até que nem tanto esotérico assim
Se eu sou algo incompreensível
Meu Deus é mais
Mistério sempre há de pintar por aí

Não adianta nem me abandonar
Nem ficar tão apaixonada, que nada!
Que não sabe nadar
Que morre afogada por mim

REALCE

Não se incomode
O que a gente pode, pode
O que a gente não pode, explodirá
A força é bruta
E a fonte da força é neutra
E de repente a gente poderá

Realce, realce
Quanto mais purpurina, melhor
Realce, realce
Com a cor do veludo
Com amor, com tudo
De real teor de beleza

Não se impaciente
O que a gente sente, sente
Ainda que não se tente, afetará
O afeto é fogo
E o modo do fogo é quente
E de repente a gente queimará

Realce, realce
Quanto mais parafina, melhor
Realce, realce
Com a cor do veludo
Com amor, com tudo
De real teor de beleza

Não desespere
Quando a vida fere, fere
E nenhum mágico interferirá
Se a vida fere
Como a sensação do brilho
De repente a gente brilhará

Realce, realce
Quanto mais serpentina, melhor
Realce, realce
Com a cor do veludo
Com amor, com tudo
De real teor de beleza

AQUELE ABRAÇO

O Rio de Janeiro continua lindo
O Rio de Janeiro continua sendo
O Rio de Janeiro, fevereiro e março

Alô, alô, Realengo — aquele abraço!
Alô, torcida do Flamengo — aquele abraço!

Chacrinha continua balançando a pança
E buzinando a moça e comandando a massa
E continua dando as ordens no terreiro

Alô, alô, seu Chacrinha — velho guerreiro
Alô, alô, Terezinha, Rio de Janeiro
Alô, alô, seu Chacrinha — velho palhaço
Alô, alô, Terezinha — aquele abraço!

Alô, moça da favela — aquele abraço!
Todo mundo da Portela — aquele abraço!
Todo mês de fevereiro — aquele passo!
Alô, Banda de Ipanema — aquele abraço!

Meu caminho pelo mundo eu mesmo traço
A Bahia já me deu régua e compasso
Quem sabe de mim sou eu — aquele abraço!
Pra você que me esqueceu — aquele abraço!

Alô, Rio de Janeiro — aquele abraço!
Todo o povo brasileiro — aquele abraço!

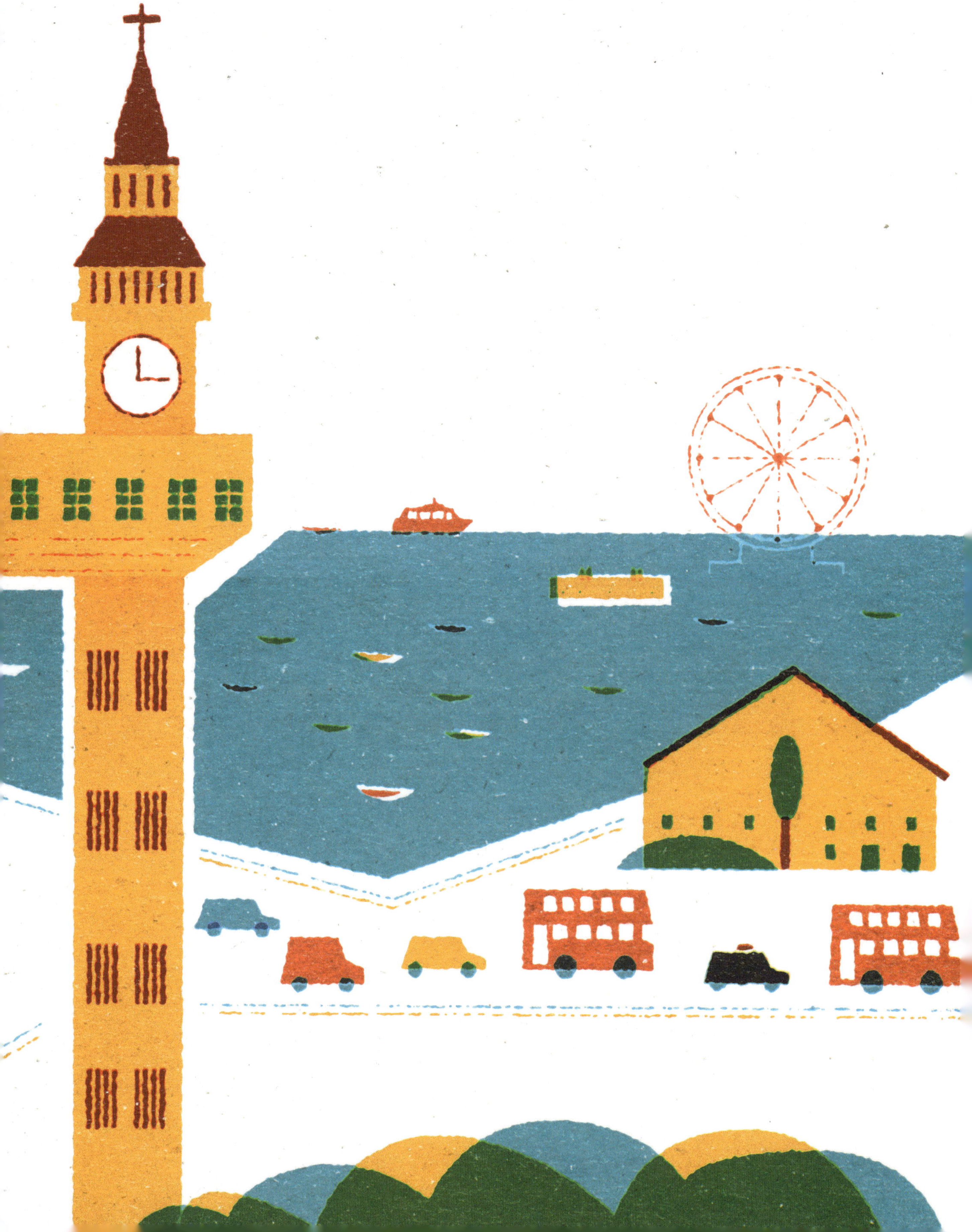

BACK IN BAHIA

Lá em Londres, vez em quando me sentia longe daqui
Vez em quando, quando me sentia longe, dava por mim
Puxando o cabelo
Nervoso, querendo ouvir Celi Campelo pra não cair
Naquela fossa
Em que vi um camarada meu de Portobello cair
Naquela falta
De juízo que eu não tinha nem uma razão pra curtir
Naquela ausência
De calor, de cor, de sal, de sol, de coração pra sentir
Tanta saudade
Preservada num velho baú de prata dentro de mim

Digo num baú de prata porque prata é a luz do luar
Do luar que tanta falta me fazia junto com o mar
Mar da Bahia
Cujo verde vez em quando me fazia bem relembrar
Tão diferente
Do verde também tão lindo dos gramados campos de lá
Ilha do Norte
Onde não sei se por sorte ou por castigo dei de parar
Por algum tempo
Que afinal passou depressa, como tudo tem de passar
Hoje eu me sinto
Como se ter ido fosse necessário para voltar
Tanto mais vivo
De vida mais vivida, dividida pra lá e pra cá

DOMINGO NO PARQUE

O rei da brincadeira — ê, José
O rei da confusão — ê, João
Um trabalhava na feira — ê, José
Outro na construção — ê, João

A semana passada, no fim da semana
João resolveu não brigar
No domingo de tarde saiu apressado
E não foi pra Ribeira jogar
Capoeira
Não foi pra lá pra Ribeira
Foi namorar

O José como sempre no fim da semana
Guardou a barraca e sumiu
Foi fazer no domingo um passeio
                [no parque
Lá perto da Boca do Rio
Foi no parque que ele avistou
Juliana
Foi que ele viu

Juliana na roda com João
Uma rosa e um sorvete na mão
Juliana, seu sonho, uma ilusão
Juliana e o amigo João
O espinho da rosa feriu Zé
E o sorvete gelou seu coração

O sorvete e a rosa — ô, José
A rosa e o sorvete — ô, José
Oi, dançando no peito — ô, José
Do José brincalhão — ô, José

O sorvete e a rosa — ô, José
A rosa e o sorvete — ô, José
Oi, girando na mente — ô, José
Do José brincalhão — ô, José

Juliana girando — oi, girando
Oi, na roda-gigante — oi, girando
Oi, na roda-gigante — oi, girando
O amigo João — oi, João

O sorvete é morango — é vermelho
Oi, girando, e a rosa — é vermelha
Oi, girando, girando — é vermelha
Oi, girando, girando — olha a faca!

Olha o sangue na mão — ê, José
Juliana no chão — ê, José
Outro corpo caído — ê, José
Seu amigo, João — ê, José

Amanhã não tem feira — ê, José
Não tem mais construção — ê, João
Não tem mais brincadeira — ê, José
Não tem mais confusão — ê, João

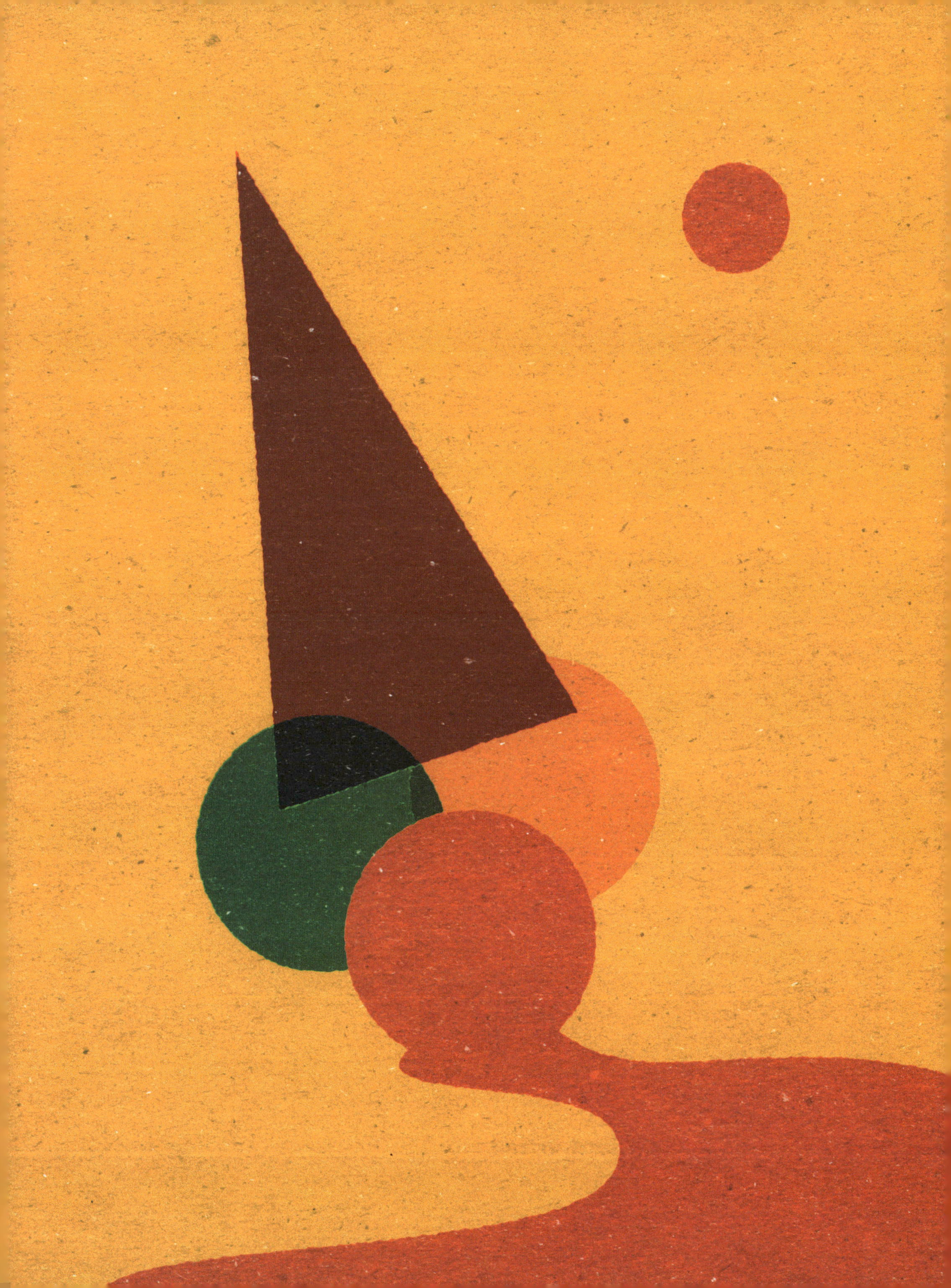

SERAFIM

Quando o agogô soar
O som do ferro sobre o ferro
Será como o berro do bezerro
Sangrado em agrado ao grande Ogum
Quando a mão tocar no tambor
Será pele sobre pele
Vida e morte para que se zele
Pelo orixá e pelo egum

Kabieci lê — vai cantando o ijexá pro pai Xangô
Eparrei, ora iêiê — pra Iansã e mãe Oxum
"Oba bi Olorum koozi": como deus, não há nenhum

Será sempre axé
Será paz, será guerra, serafim
Através das travessuras de Exu
Apesar da travessia ruim

Há de ser assim
Há de ser sempre pedra sobre pedra
Há de ser tijolo sobre tijolo
E o consolo é saber que não tem fim

Kabieci lê — vai cantando o ijexá pro pai Xangô
Eparrei, ora iêiê — pra Iansã e mãe Oxum
"Oba bi Olorum koozi": como deus, não há nenhum

PAI E MÃE

Eu passei muito tempo
Aprendendo a beijar
Outros homens
Como beijo o meu pai
Eu passei muito tempo
Pra saber que a mulher
Que eu amei
Que amo
Que amarei
Será sempre a mulher
Como é minha mãe

Como é, minha mãe?
Como vão seus temores?
Meu pai, como vai?
Diga a ele que não
Se aborreça comigo
Quando me vir beijar
Outro homem qualquer
Diga a ele que eu
Quando beijo um amigo
Estou certo de ser
Alguém como ele é
Alguém com sua força
Pra me proteger
Alguém com seu carinho
Pra me confortar
Alguém com olhos
E coração bem abertos
Pra me compreender

AQUI

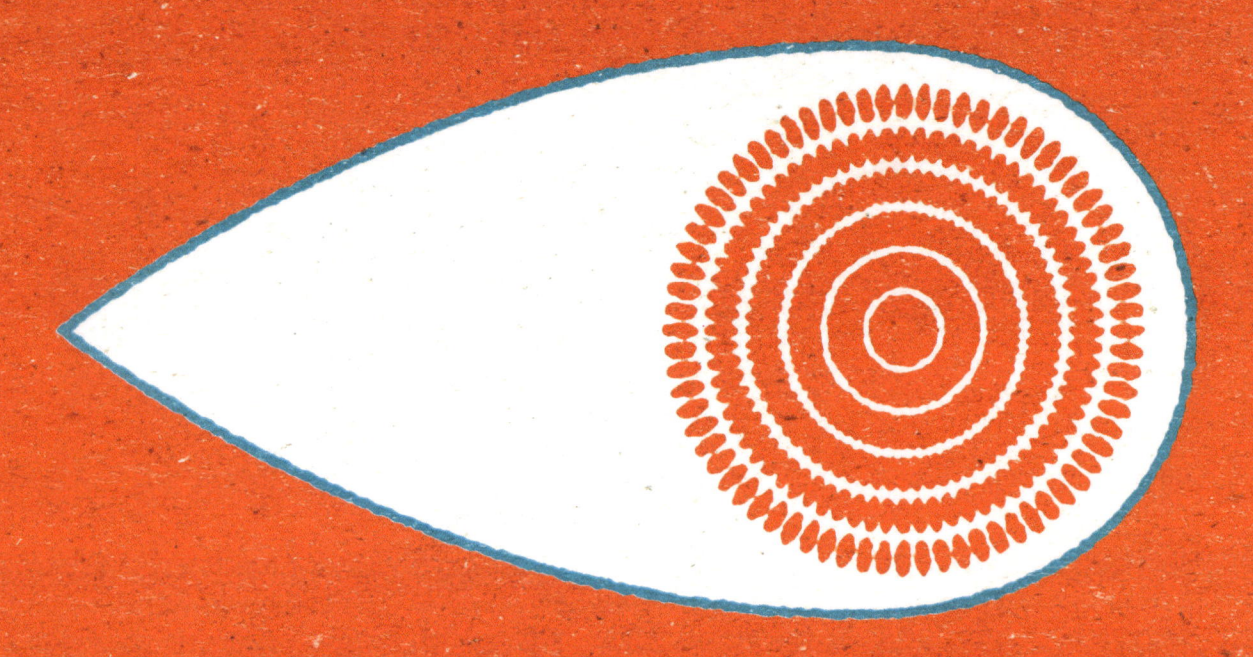

O melhor lugar do mundo é aqui
E agora
O melhor lugar do mundo é aqui
E agora

Aqui, onde indefinido
Agora, que é quase quando
Quando ser leve ou pesado
Deixa de fazer sentido

Aqui, onde o olho mira
Agora, que o ouvido escuta
O tempo, que a voz não fala
Mas que o coração tributa

O melhor lugar do mundo é aqui
E agora
O melhor lugar do mundo é aqui
E agora

E AGORA

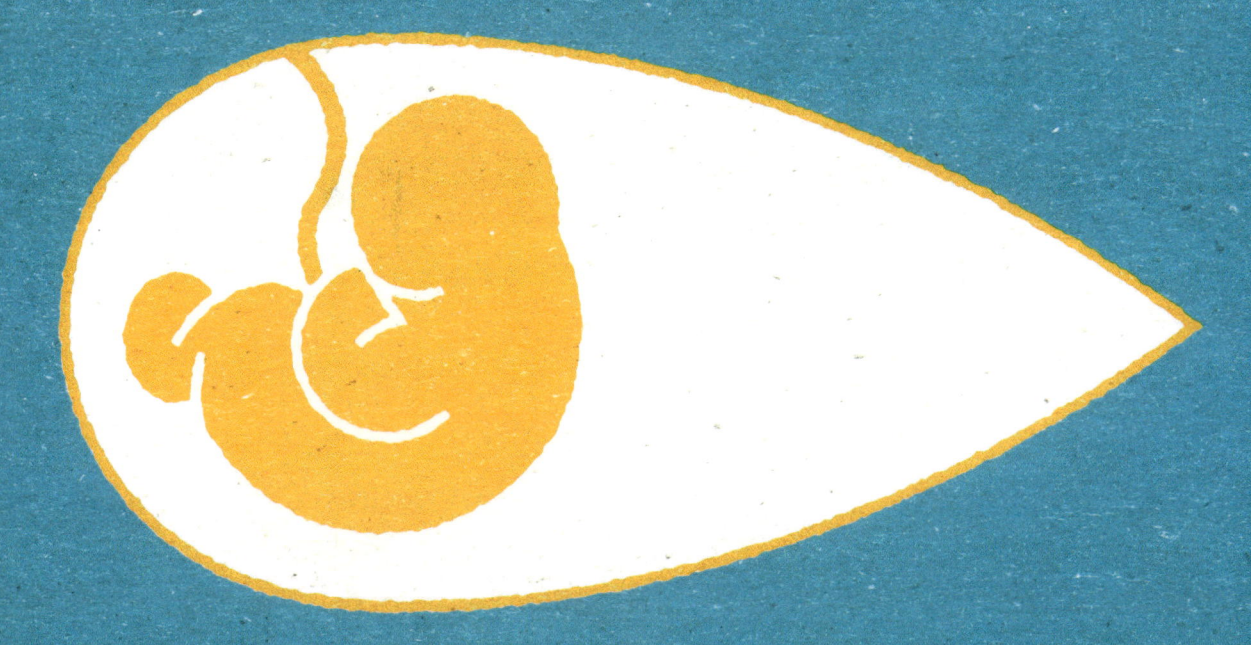

Aqui, onde a cor é clara
Agora, que é tudo escuro
Viver em Guadalajara
Dentro de um figo maduro

Aqui, longe, em Nova Delhi
Agora, sete, oito ou nove
Sentir é questão de pele
Amor é tudo que move

O melhor lugar do mundo é aqui
E agora

O melhor lugar do mundo é aqui
E agora

Aqui perto passa um rio
Agora eu vi um lagarto
Morrer deve ser tão frio
Quanto na hora do parto

Aqui, fora de perigo
Agora, dentro de instantes
Depois de tudo que eu digo
Muito embora muito antes

NÃO TENHO MEDO DA MORTE

Não tenho medo da morte
Mas sim medo de morrer
Qual seria a diferença
Você há de perguntar
É que a morte já é depois
Que eu deixar de respirar
Morrer ainda é aqui
Na vida, no Sol, no ar
Ainda pode haver dor
Ou vontade de mijar

A morte já é depois
Já não haverá ninguém
Como eu aqui agora
Pensando sobre o além
Já não haverá o além
O além já será então
Não terei pé nem cabeça
Nem fígado, nem pulmão
Como poderei ter medo (hem)
Se não terei coração?

Não tenho medo da morte
Mas medo de morrer, sim
A morte é depois de mim
Mas quem vai morrer sou eu
O derradeiro ato meu
E eu terei de estar presente
Assim como um presidente
Dando posse ao sucessor
Terei que morrer vivendo
Sabendo que já me vou

Aí nesse instante então
Sofrerei quem sabe um choque
Um piripaque, um baque
Um calafrio ou um toque
Coisas naturais da vida
Como comer, caminhar
Morrer de morte matada
Morrer de morte morrida
Quem sabe eu sinta saudade (hem)
Como em qualquer despedida

Não tenho medo da vida
Mas, sim, medo de viver
Eis a loucura assumida
Você há de imaginar
É que a vida atou-se a mim
Desde o dia em que eu nasci
Viver tornou-se, outrossim
O modo de desatar
Viver tornou-se o dever
De me desembaraçar

A vida é somente um dom
Independente de quem
Seja capaz de gritar
Seu nome, alto e bom som
A vida seria um tom
Uma altura a se atingir
Viver é saber subir
Alcançar a nota lá —
Lá no ponto de ferir
Se preciso, até sangrar

Não tenho medo da vida
Mas medo de viver, sim
A vida é um dado em si
Mas viver é que é o nó
Toda vez que vejo um nó
Sempre me assalta o temor
Saberei como afrouxá-lo
Desatá-lo eu saberei?
A vida é simples, eu sei
Mas viver traz tanta dor!

A dor na carne e na alma
A calma a se propagar
A durar dia após dia
A varar noite, a dormir
A ver o amor a vir
A ser, a ter e a tornar
A amanhecer de novo
E de novo um novo dia
Isso às vezes me agonia
Às vezes me faz chorar

NÃO TENHO MEDO DA VIDA

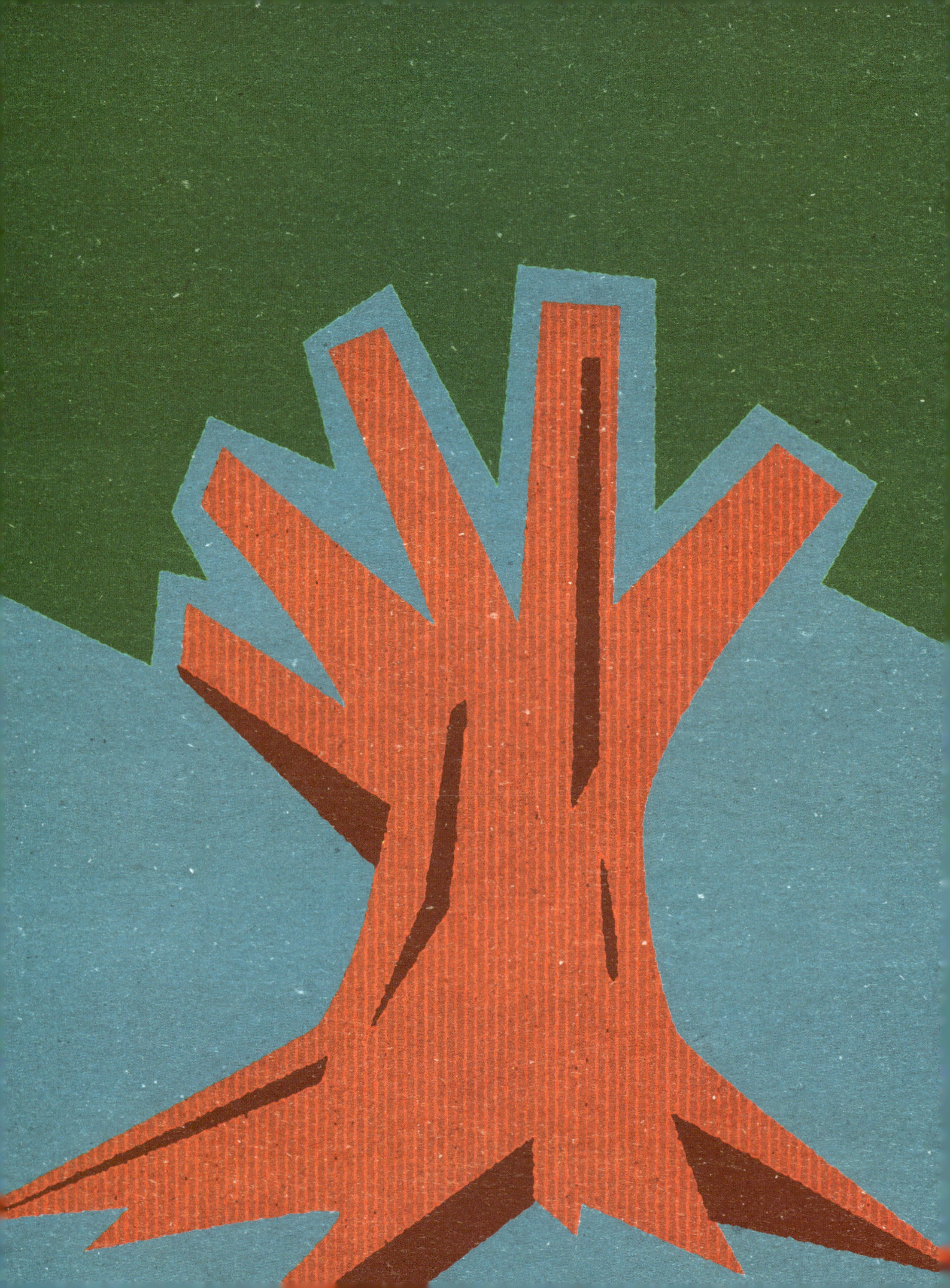

TEMPO REI

Não me iludo
Tudo permanecerá do jeito que tem sido
Transcorrendo
Transformando
Tempo e espaço navegando todos os sentidos
Pães de Açúcar
Corcovados
Fustigados pela chuva e pelo eterno vento
Água mole
Pedra dura
Tanto bate que não restará nem pensamento
Tempo rei, ó, tempo rei, ó, tempo rei
Transformai as velhas formas do viver
Ensinai-me, ó, pai, o que eu ainda não sei
Mãe Senhora do Perpétuo, socorrei
Pensamento
Mesmo o fundamento singular do ser humano
De um momento
Para o outro
Poderá não mais fundar nem gregos nem baianos
Mães zelosas
Pais corujas
Vejam como as águas de repente ficam sujas
Não se iludam
Não me iludo
Tudo agora mesmo pode estar por um segundo
Tempo rei, ó, tempo rei, ó, tempo rei
Transformai as velhas formas do viver
Ensinai-me, ó, pai, o que eu ainda não sei
Mãe Senhora do Perpétuo, socorrei

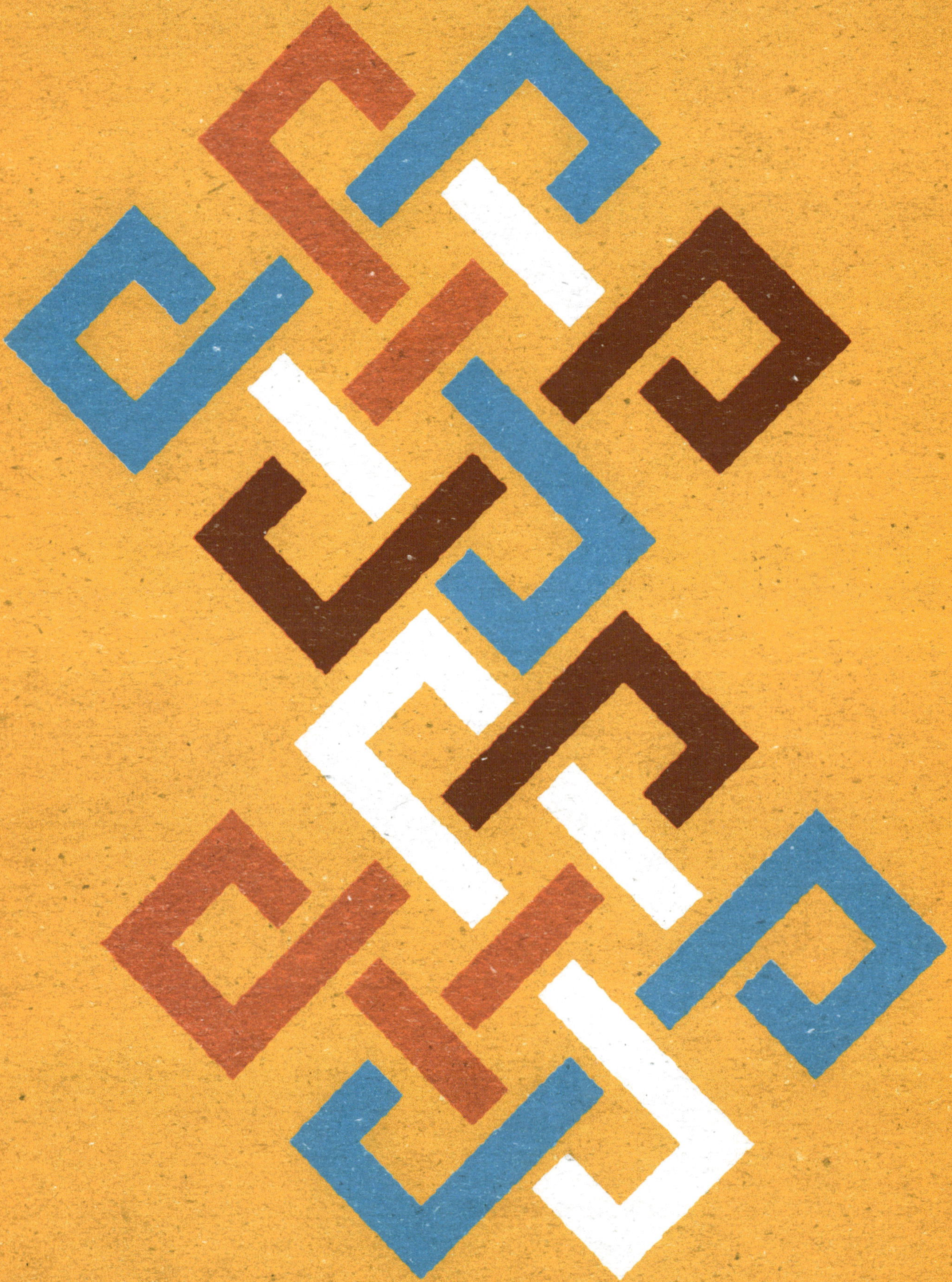

SE EU QUISER FALAR COM DEUS

Se eu quiser falar com Deus
Tenho que ficar a sós
Tenho que apagar a luz
Tenho que calar a voz
Tenho que encontrar a paz
Tenho que folgar os nós
Dos sapatos, da gravata
Dos desejos, dos receios
Tenho que esquecer a data
Tenho que perder a conta
Tenho que ter mãos vazias
Ter a alma e o corpo nus

Se eu quiser falar com Deus
Tenho que aceitar a dor
Tenho que comer o pão
Que o diabo amassou
Tenho que virar um cão
Tenho que lamber o chão
Dos palácios, dos castelos
Suntuosos do meu sonho
Tenho que me ver tristonho
Tenho que me achar medonho
E apesar de um mal tamanho
Alegrar meu coração

Se eu quiser falar com Deus
Tenho que me aventurar
Tenho que subir aos céus
Sem cordas pra segurar
Tenho que dizer adeus
Dar as costas, caminhar
Decidido, pela estrada
Que ao findar vai dar em nada
Nada, nada, nada, nada
Nada, nada, nada, nada
Nada, nada, nada, nada
Do que eu pensava encontrar

PRECE

Rezarei por ti todos os dias
Todos os dias rezarás por mim
Num pacto de orações e de energias
Que os nossos corações fazem entre si
Aos santos, aos iogues e orixás
Rogaremos os cuidados e atenção
As preces que eu farei, que tu farás
Nos trarão luz e paz, nos unirão

Rezaremos na hora marcada
Às seis da tarde, como reza a lei
No encontro entre o dia, a noite e o nada
Salve rainha amada, amado Cristo rei
Pelo amanhã que tu não sabes
E eu também não sei

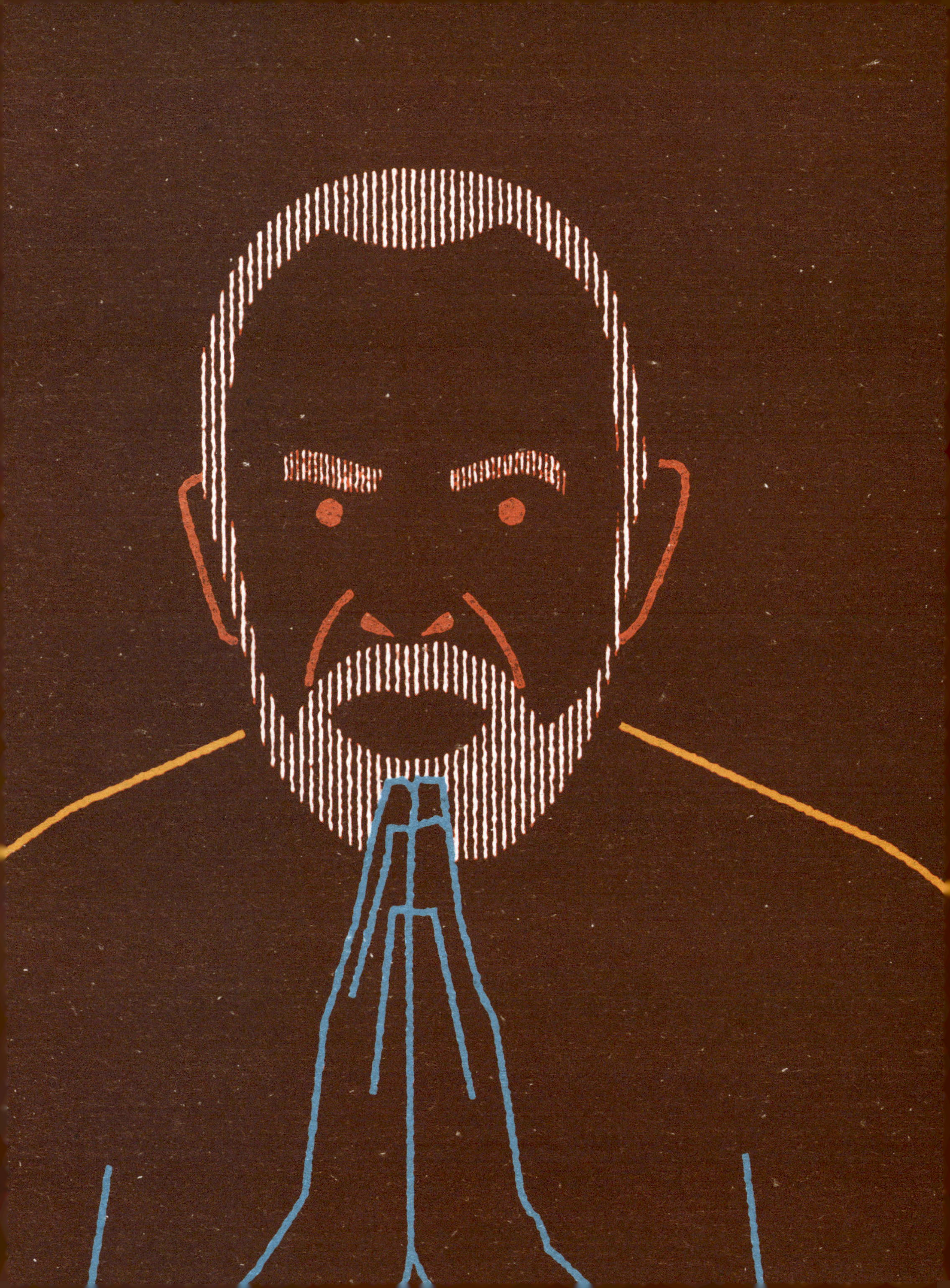

envis

tre
tta

Saímos da Gege Produções depois do almoço, num dia de chuva sobre o Rio de Janeiro, talvez frio para o gosto carioca. Entramos, Daniel, Eveline e eu, no carro dos Gil, capitaneados pelo motorista da família, o Moraes, que entre poucas palavras, mas sempre gentil, nos levou serra acima, entre garoa e neblina, até o sítio A Linha e o Linho, para conversarmos com o casal. Chegando à casa, estranhamente familiar pela exposição no documentário *Em casa com os Gil*, toda cercada do frio serrano e da umidade dos últimos dias, fomos recebidos por Flora e Nara, com abraços, café, pão de queijo, bolo e doces. Gil desceu pouco depois até a sala, num pijama coberto por um roupão elegante; algo que lhe dava uma aura singular no meio do ambiente caseiro. Conversamos amenidades, Daniel apresentou questões editoriais de dois livros (*Andar com fé* e este, *Nós, a gente*) e uma possível exposição em Punta del Este, projetos futuros em andamento. Foi depois disso que tivemos a oportunidade de entrevistar Gilberto Gil. Acertamos uma conversa de trinta minutos, que, por sua vitalidade e empolgação naturais, durou duas horas. Por fim, Gil foi descansar um pouco e entrevistamos também Flora, antes de descermos de volta à realidade do Rio de Janeiro, sob a guia do Moraes.

Gilberto Gil

Guilherme Gontijo Flores: Vamos para a conversa. A primeira pergunta que eu tenho é a seguinte: oitenta anos num ano singularíssimo. Este é um ano de muito cruzamento na vida, em tudo, mas também em família, show, política. Como é que você encara o enigma do futuro, hoje?

Gilberto Gil: [sorri e hesita] Com a mochila cheia das coisas que eu fui colecionando até hoje, em termos de tudo, de exercício mental, a partir da inteligência, a partir do conhecimento, a partir da emoção, a partir da... enfim, do que poderia ser considerado como a visão de mundo que acabou se instalando; quer dizer, como é que eu vejo o mundo. E é muito complexo, é muito diverso o modo de ver tudo: o que foram as crenças, as maneiras de ler o existente. E o futuro a Deus pertence, que é uma conclusão, também, de uma certa forma nova na minha vida; quer dizer, a coisa de Deus como tudo e nada e como referência fundamental pra superar a solidão do eu, pra encontrar a guarnição, encontrar aquilo que guarnece a existência, que dá sentido ao estar aqui agora. Eu acho que é isto: o futuro a Deus pertence, nesse sentido mesmo de que, finalmente, eu, de certa forma, consigo realizar mesmo o sentimento da fé: acreditar. Eu acho que é isso. Hoje eu creio mais em tudo e misturado com nada nesse sentido. Aí é uma entrega mesmo, jamais absoluta. Acredito que há um diálogo mais sincero, mais forte entre o eu e a existência de tudo.

GGF: Você usou a metáfora de estar com a mochila e parece que tem muita coisa dentro dela, mas ao mesmo tempo é leve.

GG: É leve, cada vez mais leve nesse sentido; porque o que pesa nas coisas, nos objetos coletados da existência, é o peso que o eu confere a essas coisas: o que elas são para mim, como eu as considero etc. E na medida em que isso vai se transferindo para um existente, como eu disse antes (e cheguei a ter a coragem de proferir a palavra a Deus, ao dizer que isso vai se entregando a Deus, que o futuro Deus pertence). Então esse peso das coisas colecionadas pelo eu na mochila vai desaparecendo, é quase uma mochila vazia. As coisas são apenas os círculos que circunscrevem essas coisas. O dentro das coisas é todo vazio.

GGF: Maravilhoso! Me diga uma coisa: você sempre gostou de ter a família perto do trabalho. É uma coisa que vem desde sempre? E como você encara hoje viver assim, no sentido de também ter vivido muito tempo com a família próxima?

GG: Bom, a família foi surgindo, né? Primeiro casamento, as primeiras duas filhas; depois o segundo casamento e os outros filhos; depois o terceiro casamento completou a família dos filhos; e os filhos foram procriando, reproduzindo; as casas foram se enchendo de gente; os ambientes foram se tornando compartilhados com todos, com a família nuclear, mas também com a família difusa que foi se criando com as amizades, os colegas; a música ali como elemento permeador de tudo, o tempo todo.

Então, é isso, os meninos foram surgindo, e a Nara primeiro começou a cantar, depois o Pedro se tornou músico também, antes de ir embora, antes de morrer. E os outros foram se tornando também músicos, como a Preta e, mais recentemente, um bando de netos e netas que vieram fazer parte dessa coisa do convívio musical etc. E eu fui me habituando e fui sendo levado a tê-los, os membros da família, todos como parceiros artísticos, musicais, criadores, inventores dessa coisa regida basicamente pela música, pela estética, pelo gosto, pela consideração da estética de um modo geral. Mas tudo isso regido basicamente pela música.

Então eu fui aprendendo ao longo dos anos a ficar no centro disso tudo, a me deslocar para essas periferias todas que são os meninos e as meninas, a dialogar com eles, a brincar com eles... E acabou finalmente acontecendo que, no ano passado, se juntaram todos para fazermos "Nós, a gente". [Risos] Essa gíria foi isso, foi a vida que foi fazendo com que a nucleação fosse se dando, fosse sendo realizada, e hoje criamos esse núcleo familiar.

GGF: Então foi algo meio espontâneo...

GG: É. Tá aí. Aquilo ali. (Aponta para a árvore genealógica na parede, com todos: esposas, filhos, genros, noras, netos e bisneta.)

GGF: Linda essa árvore! Então foi algo mais ou menos espontâneo, o que tem a ver com a próxima pergunta, que é uma curiosidade pessoal minha, porque também sou pai. Por acaso você incentivou os filhos, formalmente, a algum aprendizado musical, ou é algo que você...

GG: Deixava... Todos eles vieram.

GGF: Por conta própria? Porque você no violão é um autodidata, certo?

GG: Sim. E eles foram imantados pelo processo de osmose. Todos estavam ali naquele caldeirão, todos mergulhados ali naquela substância, a música, o tempo todo. Então eu não precisava me meter muito não. Eles iam puxando aqui e ali. Alguns até nem vieram mesmo pra música. É o caso da Marília, que é a segunda filha do primeiro casamento, que não veio pra música, enquanto a Nara veio; depois, já no segundo casamento, o Pedro veio pra música, a Preta veio pra música, mas a Maria não. E no terceiro casamento o Bem veio pra música, a Bela foi pra outra coisa, pra uma reflexão sobre a existência, enfim, é mais uma cientista. E o José, que acabou optando por música, hoje faz parte dos Gilsons, toca comigo também e já está fazendo suas próprias coisas.

Então, dos oito filhos, cinco se dedicaram à música, e três não. A minha participação foi só isso: oferecer o ambiente, a bacia cheia desse líquido [risos], para que eles se banhassem ali e tal. A banheira musical funcionou na casa, e eles tomaram muitos banhos de música. E alguns deles saíram impregnados mesmo.

GGF: É muito impressionante ver a família reunida e tocando. É muito forte. Reaviva uma coisa que em geral se perdeu muito na cultura, que é a família se reunir como um centro em que a música acontece. É incrível ver isso.

Daniel Kondo: No caso de "Nós, a gente", eu fiz o logo da turnê. E, como designer, eu tentei fazer da melhor maneira possível. E vi que tem "nó", tem "nós", tem "nossa". Como é esse processo criativo que você tem com as palavras, para criar múltiplos sentidos?

GG: Essa expressão eu li numa entrevista, de alguém no site do... do... [hesita] A memória... Mas enfim: era uma entrevista de um intelectual, um sociólogo, ou coisa assim, um filósofo, uma coisa entre sociologia e filosofia, onde havia essa expressão, "Nós, a gente", pra explicar um pouco essa dimensão imperativa da existência social. Quer dizer, todos somos nós, a gente. E eu achei que podia me apropriar da parcialidade dessa semântica, pra aplicar à minha gente, a esse grupo representando a humanidade. Como se nós pudéssemos ter a veleidade de representar a humanidade inteira a partir do seu núcleo básico. Família nesse sentido. E a expressão foi isso, uma apropriação que eu fiz.

GGF: Muito certeira. E tem uma coisa muito brasileira de usar a expressão "a gente" em que nós estamos incluídos. Em Portugal "a gente" é impessoal. "A gente faz isso" quer dizer "as pessoas fazem isso".

GG: Isso. Aqui no Brasil, no nosso português, a gente pode se apossar dessa significância.

GGF: Tem algo singular, que é raro pra gente até o momento, mas que no documentário Em casa com os Gil é marcante, que é a singularidade de ver esta casa aqui virar o palco para um documentário e para organização de um show, espaço para um primeiro ensaio etc. Você considerou que isso seria radicalizar um certo borrão que já existia na sua vida entre trabalho e família?

GG: Sim, porque, com esse envolvimento a que os meninos foram sujeitos, ao se envolverem com a música etc., eles acabaram tendo suas perspectivas próprias. E Preta, num determinado momento, uns quatro anos atrás, disse: "Pai, vamos juntar nós todos que gostamos de música na família e vamos fazer uma coisa. Vamos para a Europa e tocar, cantar nós todos juntos, sair por aí fazendo isso." E eu disse: "Tá bom, ok, vambora." Foi iniciativa dela, né? Que passou para os outros, e os outros responderam "Sim", também se entusiasmaram com a ideia. E ao longo desses quatro anos, muitos deles já viajavam comigo, tocavam e gravavam. O Bem já se encarregava de uma espécie de curadoria musical do meu trabalho, ele próprio se desenvolvendo como instrumentista, como criador, como produtor. Os outros todos... José veio tocar comigo; Nara, a primeira, a mais velha, já cantava comigo há vinte, quase trinta anos. Então foram eles que inventaram de fazer essa mistura de todos. Foi uma inspiração e uma ideia da Preta.

GGF: É interessante como isso sai de uma relação familiar. O modo como alguns vão chegando pra música a partir de uma experiência afetiva, mas quando chega no documentário tudo se inverte: essa experiência afetiva se torna parte da estética.

GG: Aí vieram todos, mesmo os que não se dedicaram à música. Me lembro que no show que nós fizemos em Bruxelas, estavam todos lá: os genros, as noras, os filhos de todos. Éramos trinta e sete ou trinta e oito, acho. Todos no palco. Naquele dia, todos tocaram, todos cantaram. É isso.

GGF: Uma verdadeira festa [risos]. Uma outra curiosidade que as pessoas podem ver no documentário é como cada pessoa podia sugerir uma música para o show, dizer por que a escolheu.

GG: Cada um sugeriu uma canção. Não foi possível colocar todas no show, porque era muita gente, mais de trinta, talvez trinta e cinco músicas. Então cerca de vinte dessas trinta e cinco entraram no show.

GGF: E como é que vocês fizeram para bater o martelo? Foi você? Foi coletivo? Foi o ensaio?

GG: Foi o ensaio. Foi, enfim, o que parecia mais interessante como resultante do trabalho que íamos fazendo. As adaptações de cada música a esse coletivo funcional. Eu fui ouvindo. Eles todos foram percebendo também essas variações de qualidade numa canção e outra. E acabei fazendo a escolha final. Em função das opiniões todas e do sentimento geral do que era mais interessante e mais adequado, eu fechei o repertório [risos].

GGF: Inclusive, nesse repertório, que você fecha, você faz uma coisa que já fez a vida inteira com regularidade conceitual, que é incorporar canções alheias. Porque todos sugeriram apenas músicas suas, mas no show tem...

GG: Tem "Get Back" [parceria de John Lennon e Paul McCartney, dos Beatles].

GGF: Tem "Nossa gente", do Roque Carvalho, "Garota de Ipanema", de Tom e Vinícius.

GG: "Nossa gente" porque "Nós, a gente" — "Nossa gente" era meio óbvio demais! Não podia ficar de fora, tendo a importância que essa canção tem no nosso trabalho, em interface ampla com a música baiana e tudo o mais. Com esse título, ficou quase irrecusável [risos]. Tanto é que ela substituiu uma canção que comecei a fazer, "Nós, a gente", que cheguei a desenvolver e depois abandonei, porque não cheguei a bom termo. Mas depois lembrei: "Nossa gente" já é isso! Então já existe uma. Não carece que eu faça outra [risos].

GGF: Lendo o livro Todas as letras [em parceria com Carlos Rennó], reparei que você fala às vezes de canções abandonadas e fiquei curioso: acontece muito isso?

GG: Muito...

GGF: E sentir que não chegou a bom termo?

GG: Às vezes não passa do embrião. Às vezes são abortadas no meio da gravidez. E às vezes nascem e desaparecem, vão embora, eu me esqueço delas. Tem muitas. Mesmo nesse livro, há uma quantidade enorme de canções que se perderam: ficaram as letras, e as músicas foram embora.

GGF: E você nunca teve o costume de anotar, por exemplo, os acordes?

GG: Nunca. Durante muitos anos eu gravava em gravadores. E quase toda a minha obra foi feita assim. Eu não escrevo a música no pentagrama. Cheguei até, porque estudei um pouco de música no tempo em que tocava acordeón, a escrever uma música, "Minha senhora", que mandei para um festival no Rio. Eu mesmo fiz a partitura, é uma música minha com Torquato [Neto]. Elas às vezes ficam ali a vida toda, outras vão embora. Muitas são abortadas mesmo, e outras são abandonadas. Elas mesmas fogem, vão embora e voltam para o éter ou de onde quer que tenham vindo [risos].

GGF: Ali no mesmo livro, na nova edição, há muitas canções recentes, depois do Ok, Ok, Ok. Algumas estão no álbum Giro, da Roberta Sá...

GG: Sim, eu fiz uma série de músicas com ela...

GGF: E tem algumas que estão completamente inéditas em estúdio. Você está planejando alguma coisa?

GG: Não...

GGF: Essas vieram então sem um projeto?

GG: É, não tenho não... Gozado. Antigamente eu era voluptuoso com relação à composição. Era incômodo passar algum tempo sem compor, sem conceituar o momento seguinte da atividade musical e tal. Por isso caracterizei como volúpia. E foi desaparecendo. Hoje não tenho mais.

GGF: A mochila está mais leve de algum modo. Não tem aquela angústia interior.

GG: Não tenho aquela angústia de dizer, de fazer meu pronunciamento, de permanentemente me pronunciar em torno disso e daquilo, em termos das palavras e da música, em termos da palavra cantada, que é o que é a canção. A canção é isto: a palavra cantada. Então eu já perdi esse interesse voluptuoso.

GGF: Isso de algum modo está na letra de "Ok, Ok, Ok".

GG: Está dito ali, é. Estou no skate, deixando que a própria superfície da existência vá determinando o que é subir ladeira, o que é descer ladeira, o que é andar na extensão mais longa do plano. Então estou mais assim: na superfície plana [risos].

DK: É linda essa metáfora.

GG: É a que está na letra mesmo, a que encerra a letra.

GGF: Eu, como poeta, espero um dia chegar a essa capacidade de também até fazer, mas não ter o anseio.

GG: Acho tem a ver com a passagem do tempo, tem a ver com a idade, né? Oitenta anos não são dezoito...

GGF: Mas tem algo que aparece, quando a gente reúne as suas letras: dá para ver que você é um cantautor, que compõe pensando na sua própria voz, mas muita coisa não está gravada, ou não gravada em estúdio, de modo que aparece só ao vivo. Então você já tem na trajetória uma tranquilidade em não precisar deixar um registro formal de tudo.

GG: Já tem. É isso. Você acabou resumindo bem o que eu quis dizer antes.

GGF: E a canção existe assim também, de modo fugaz.

GG: Sem dúvida.

GGF: Já caminhando para o final da conversa. Considerando aquelas canções gêmeas, "Não tenho medo da morte" e "Não tenho medo da vida", você continua sem medo da morte e sem medo da vida?

GG: Hmm... Continuo tentando, tentando me livrar desse medo. E me considerando cada vez mais distanciado desse medo. Mas ele ainda, claro, está ali. Olho pra trás, ele está ali. Às vezes está na minha frente. Às vezes ao meu lado. Mas continuo persistente nessa coisa de me livrar do medo, porque acho que tem a ver com todos esses aspectos que toquei aqui, com relação a ego, eu e Deus. Quer dizer, foi a coisa do futuro que você me perguntou. Eu disse: "O futuro a Deus pertence". Então a morte entrou nesse rol das coisas que pertencem a Deus.

GGF: Como a vida.

GG: A vida pertence a Deus. E, tanto como a vida, a morte.

DK: Gil, tem uma coisa que me chamou a atenção, que Preta falou: "Meu pai é um orixá vivo". Como é que você entende isso? Um orixá vivo seria uma transição já, existindo num multiplano, ou seja, em carne, osso e espírito.

GG: É... Ainda encarnado, mas vivendo já nessa hiperdimensão, onde o percurso de imanência e transcendência já se encontra em feitura, já se está fazendo. É engraçado. Não só Preta: muita gente já se refere a mim, à minha situação de existência atual como pertencente ao campo de uma transparência desse tipo.

GGF: Isso parece vir de uma procura sua, de longa data, não é algo que sempre está dado.

GG: De tudo, desde a infância. É uma construção. Senti sempre que era meu dever elucidar, de alguma maneira, os mistérios que se apresentaram logo ali, nos primeiros momentos da consciência, da infância, quando comecei a estar no mundo e me interrogar: "Mas o que é isso? O que é eu estar aqui? O que são essas coisas? O que significam essas coisas que me cercam? O que é que eu faço com isso? Como é que eu me encaixo dentro de tudo isso?". E aí veio, com o tempo, a busca filosofal. Foi imperativa. Foi irrecusável. Eu tive que saber, procurar saber de mim [risos].

DK: Quando se fala "atado à vida", se fala "um homem atado ao seu próprio destino". Você já vislumbra o seu destino, o seu percurso?

GG: Olha, eu fico... O meu desejo mais recente, mais atual, em relação a mim mesmo, ao que deve acontecer, é que eu caminhe para a extinção deste corpo, para o desaparecimento, para aquilo que a gente chama de morte, que eu caminhe para isso com a possibilidade de um mergulho. Como se fosse um mergulho final [pausa]. "Agora e na hora da nossa morte". Amém! [risos]. Pronto! Vamos ver se eu fico pronto. Tudo que eu quero é estar pronto, para o mergulho final nesse qualquer coisa que seja o depois do desaparecimento. Se aparecer alguma coisa, ótimo! Se não aparecer nada, ótimo! Se Deus quer sim, se Deus quer não.

GGF: *E também é preciso estar preparado para o inacabado. A vida sempre acaba inacabada.*

GG: É a última estrofe de "Se eu quiser falar com Deus", "nada do que eu pensava encontrar" [risos]. Por isso eu digo que pode ser alguma coisa. Mas provavelmente será algo que eu não pensei [risos].

GGF: *Que não estava nas possibilidades previstas.*

GG: Provavelmente será uma novidade. Será novo. Será de novo! E isso para mim é o significado da ressurreição.

GGF: *Aproveitando o assunto. Numa das conversas do livro* Disposições amoráveis *[em parceria com Ana de Oliveira], você fala de uma coisa que mostra um desafio ainda mais duro, que é estar tranquilo diante da possibilidade da extinção da própria humanidade. Bom, possibilidade não, porque sabemos que um dia o Sol vai crescer e engolir a Terra etc.*

GG: Tudo que começa tem um fim.

GGF: *Só que conseguir se apaziguar com essa hipótese demanda mais do que aceitar o próprio fim individual. E, mesmo diante disso, você dedicou a vida inteira a uma obra. Como você pensa a sobrevivência da obra, considerando que a gente continua aqui cantando as canções?*

GG: Enquanto houver humanidade, enquanto humanidade houver... Tem uma música do Adroaldo Ribeiro Costa pra um programa que ele tinha (um grande mestre, um grande professor, um grande homem de cultura da Bahia, ele que fez o "Hino do Esporte Clube Bahia", que eu e Caetano gravamos no *Barra 69*), o programa se chamava *Hora da Criança*. E o "Hino da Hora da Criança" termina assim [cantarola]: "enquanto nós cantarmos/ haverá Brasil" [risos].

GGF: *Mas então não lhe preocupa quanto e como dure?*

GG: Não... Vai durar o que tiver de durar. Enfim, muito disso, das canções, da criação toda, vai se fossilizar. Vai se tornar fóssil. Por fim, alguém batendo uma pedra qualquer: um neandertal, um neoneandertal qualquer, batendo uma pedra, lá adiante, vai encontrar um fragmento disso, da canção, da obra, como você perguntou.

GGF: *Ótima imagem, pensar um neoneandertal encontrando, já fossilizada, a obra.*

GG: [risos] Ele vai ali e encontra o fóssil disso tudo que a gente fez agora, neste nosso tempo.

GGF: *Uma última pergunta. Uma coisa me fascinou depois de ler tudo que você produziu em livros, é que você parece gostar de parceria. Na canção, eu diria que a imensa maioria é de composição solo, embora a parceria exista na canção e seja mais presente em alguns momentos esporádicos. Só que nos livros isso é muito mais notável, porque você parece fazer questão de estar sempre com alguém. E algo muito forte, que qualquer um que o acompanha pode perceber, é que boa parte do seu pensamento, muito luminoso e muito lúcido ao longo dos anos, está disperso em entrevista, que é um lugar de diálogo e de parceria.*

GG: "No papo é que eu me safo!". É um artigo que escrevi pro *Pasquim*, que mandei de Londres pra cá.

GGF: Esse texto saiu no livro Encontros, de entrevistas, que saiu pela editora Azougue.

GG: É na conversa que eu me revelo mais, que se revela em mim o meu mais íntegro, mais inteiro.

GGF: Será que isso tem a ver com o fato de que a música até pode ser executada sozinha (por exemplo, voz e violão), porém tradicionalmente é um ato muito coletivo? Um toca aqui um violão, outro toca um baixo, ou uma percussão, e algo singular emerge porque há um mais que um.

GG: Um compartilhamento.

GGF: Me pergunto se há algo disso da música na escolha do modo de fazer livros. Numa obra como Disposições amoráveis, para ficar num só exemplo, é possível perceber como você tem ali pensamentos muito organizados, elaborados, mas que prefere ter feito aquilo no modo de uma longa conversa com vários nomes, mais a Ana de Oliveira, em vez de produzir como um livro individual.

GG: Tanto que eu não escrevi um livro até hoje!

GGF: Era o que eu e o Daniel estávamos conversando. Em todos. Até no das letras, você traz o Carlos Rennó para estar junto...

GG: No livro com o [Antônio] Risério [O poético e o político]. Tudo é assim.

DK: E agora vai sair o Andar com fé [parceria com Daniel Kondo] também. Com a imagem gráfica do livro.

GGF: É um modo da parceria, desdobrado em texto e imagem.

GG: É. Acho que é isso. Essa preferência pelo diálogo, pela conversa, pelo fato de dividir com alguém o pingue-pongue, o bate-bola. Essa coisa que vai e volta com a reflexão do outro, como se eu buscasse ecos do meu próprio pensar.

GGF: De algum modo estamos voltando ao Nós, a gente, né? [risos]

DK: É um coletivo de dois, de três, de dez, de trinta e oito.

GG: É [risos].

Flora Gil

GGF: Flora, você pode contar pra gente como foi o começo da sua vida com o Gil? Essa narrativa a gente já ouviu pela boca dele, mas pela sua não. Então interessa muito ouvir o outro.

Flora Gil: Eu fui pra Bahia em 1978, pela primeira vez. Conheci Gil alguns dias após ter chegado em Salvador. Naquela época a gente andava pela rua tarde da noite sem muita tensão. Não havia tanta violência, a gente passeava, conversava com amigos olhando a lua e o mar tranquilamente. Era uma época diferente, em que todo mundo ia pra praia se encontrar com calma e tempo suficientes pra curtir o sol e o mar azul da Bahia. Salvador me encantou com sua beleza, com as praias, as pessoas, os pretos lindos, o candomblé, o costume e a música. Comparado aos dias de hoje, você não tem mais o sossego daquela época; já tem aquele celular, uma foto, um jornalista atento buscando alguma coisa pra captar e jogar na rede, etc. e tal.

Naquele tempo não tinha nada dessa onda estranha digital. Gil e Caetano e outros artistas iam tranquilamente com a família e amigos pra praia na Boca do Rio, no Porto da Barra, Itapuã, etc. — para mim a melhor praia do mundo até hoje é o Porto da Barra. Quando me lembro daquela água morna e daquele céu azul me dá muita saudade.

Conheci Gil quando eu estava com umas amigas na saída de um show da Baby Consuelo. Conheci a Regina Casé nessa mesma noite com o Gil e também a Nara Gil, que devia ter uns treze anos, a primeira filha de Gil com Belina. Estavam todos juntos e peguei uma carona com eles até o hotel em que eu estava hospedada na orla de Ondina. Não passei muito tempo no verão baiano. Voltei pra São Paulo, porque estudava e trabalhava. Era meu primeiro emprego em um shopping center recém-inaugurado em São Paulo. A loja era moderna com os jeans mais incríveis da cidade. Minha turma se empolgou em trabalhar para ganhar um dinheiro no Natal e então fomos com foco e disposição. Nunca ninguém de nós havia trabalhado. Era engraçado, era estranho mas foi bom. Quando acabou o período do contrato de trabalho, eles me chamaram pra ser gerente da loja. Eu falei: "Gerente da loja?". E eles: "Você foi a que mais vendeu!". E aí eu comecei a trabalhar um pouco mais; não queria ficar ali, mas era gostoso ao mesmo tempo, porque tinha uma turma boa e divertida.

Voltei à Bahia no ano seguinte, já no verão de 79. Encontrei com o Gil novamente e ele me disse ter feito uma canção para mim com meu nome. Eu tinha dezoito anos e aquilo me deixou meio sem chão. Passei esse verão entre praia, teatros, shows, restaurantes, bares etc. e muitos amigos que brotavam no verão. Sim, na Bahia uma coisa é certa; muitos se conhecem e a vida fica como se fosse uma grande família e foi assim na minha época de estreia em Salvador.

Começamos a namorar e acabei me mudando para o Rio. Gil já separado foi morar em um hotel, em Ipanema. Ele tinha três filhos com Sandra; Pedro, Preta e Maria Gil, além de Nara e Marilia, com Belina. E a gente foi morar em Jacarepaguá, num pequeno sítio. A gente ficou morando ali perto de onde hoje é o Projac. Era um lugar muito deserto. Em um final de tarde a gente foi assaltado nesse sítio, dentro de casa. Entraram, nos renderam com revólver, escopeta, metralhadora; saí dali muito assustada, muito assustada mesmo. Tinha uma amiga minha de São Paulo hospedada lá em casa, aquilo me deixou em pânico e com muito medo. Fomos então embora imediatamente e passamos a morar no Hotel Marina, na praia do Leblon. Nessa época Gil era artista da gravadora Warner, e o André Midani, que era o presidente da companhia e muito amigo de Gil, nos ajudou com alguma logística. A gente não tinha dinheiro suficiente para pagar hotel, alimentação, carro etc. Mas os shows ajudavam na despesa e no controle financeiro.

Dali, fomos pra Barra da Tijuca, para um edifício que tinham acabado de construir em frente à praia. Era um apartamento pequeno mas muito gostoso. Já tinha uns três ou quatro anos que Gil e eu estávamos morando juntos. Fiquei grávida do Bem em 1984, ele nasceu em janeiro de 1985 em pleno Rock in Rio.

Eu já tinha um encanto com os filhos de Gil, com a Preta, com Maria, com Nara, com Marília e Pedro Gil. Então eu tinha os cinco filhos ali por perto, sempre indo ver o pai. A gente nunca teve atritos graves, brigas entre madrasta e pai etc. Preta sempre foi muito amorosa, leonina de Oxum, muito dada; já Maria é capricorniana, mais fechada e na época mais arredia. E o Pedro era o único menino. Nara e Marília moravam na Bahia, mas logo Nara veio seguir o pai, porque queria cantar com ele. Era todo mundo por perto, muito presente e a gente então passou a conviver cada vez mais perto uns dos outros.

A gente ficou nesse apartamento da Barra por algum tempo e em seguida compramos um apartamento, na planta, com muito custo, em São Conrado. Fizemos uma grande dívida, mas com os shows e os direitos autorais conseguimos nos organizar e pagar por anos de financiamento. Foi nessa época que comecei a me interessar pelos direitos dos autores.

Entre o apartamento da Barra e a compra do novo em São Conrado, moramos num apartamento alugado do Chico Anísio, também na Barra da Tijuca.

Enquanto o prédio de São Conrado estava sendo construído, nós fomos para a Bahia. Então em meados de 87 a gente se mudou pra Salvador. E em 88 nasceu a Bela, minha única filha baiana! Ali passamos a morar: eu, Gil, Bem e Bela. Preta e Maria, que moravam no Rio, foram morar com a gente na Bahia por dois anos. Depois dessa fase política de Gil como presidente da Fundação Gregório de Mattos e a vontade de ser prefeito, Gil se candidatou a vereador e então ficamos em Salvador até meados de 1990. Abri um escritório em Salvador com Daniel Rodrigues, o empresário de Gil na época. Em 1990 Pedro Gil, então baterista da banda do pai, que estava ensaiando para o show no Hollywood Rock, sofreu um acidente na Lagoa Rodrigo de Freitas no Rio de Janeiro e nos deixou. A dor da perda e a saudade moram nos corações de todos da família Gil até hoje.

DK: *O que a gente percebe, Flora, é que você é uma pessoa agregadora. Ou seja, depois que você e Gil constituíram família...*

FG: Sou sim. Gosto de agregar, é a minha natureza. Gil é tranquilo, tem personalidade calma e serena. Temos uma vida comum, apesar de ser cheia de viagens, hotéis, palcos e às vezes até palanques e palácios. Os filhos, apesar de diferentes entre si, são boas pessoas, com bom caráter. O respeito é fundamental para a harmonia. Os irmãos são unidos e também agregadores. Aquele bom e velho ditado que diz "quando um não quer dois não brigam" [risos], é mais ou menos assim. A escolha da família Gil é uma escolha de paz, tranquilidade e amor, e principalmente respeito.

GGF: *E como foi desenvolver ao mesmo tempo uma relação que é de amor e que envolve trabalho? Você já tinha um tino para o mundo comercial, já era gerente...*

FG: Tenho um tino pra isso, e gosto. Mas eu me cerco de pessoas que me deixam bem tranquila. Tive sorte com a equipe de trabalho desde quando abri a primeira Gege Produções. Não consigo dar conta de tudo. É impossível. Nem tudo tem que passar por mim o tempo inteiro. Então lá atrás tinha a Tia Léa, tia de Sandra Gadelha e muito amiga de Guilherme Araújo, empresário dos baianos na década de 70, que administrava as contas de Gil e família. Tia Léa, como era conhecida, gostava de mim e me ensinou algumas coisas importantes para transitar no meio de gravadoras e editoras e o mundo dos shows. Depois de Tia Léa, vieram outras pessoas para nos ajudar. Daniel Rodrigues, que fez tantas turnês na mesma década, seguiu com Gil até meados dos anos 90. A partir daí passei a me interessar com mais profundidade pelas questões administrativas e financeiras. Tivemos pessoas importantes em nosso escritório que nos ajudaram muito na trajetória da carreira de Gil; Daniel Rodrigues, Ivone Salgado, Meny Lopes, Maitê Quartucci e hoje Maria Gil, que dá o suporte da carreira do pai com pulso firme. Temos Eveline Alves, que administra os direitos autorais de Gil e projetos especiais. Fafá Giordano, minha irmã e meus braços esquerdo e direito. Cristiane Gusmão, nosso financeiro já há décadas. A equipe Gege é uma equipe pequena, mas com uma enorme capacidade de trabalho e negócios. Até hoje nossa equipe sente falta de Meny, uma portuguesa com coração gigante e que nos deixou em 2022.

GGF e DK: Olha, muito obrigado pela conversa!

FG: Ah, de nada.

ÁRVORE GILNEALÓGICA

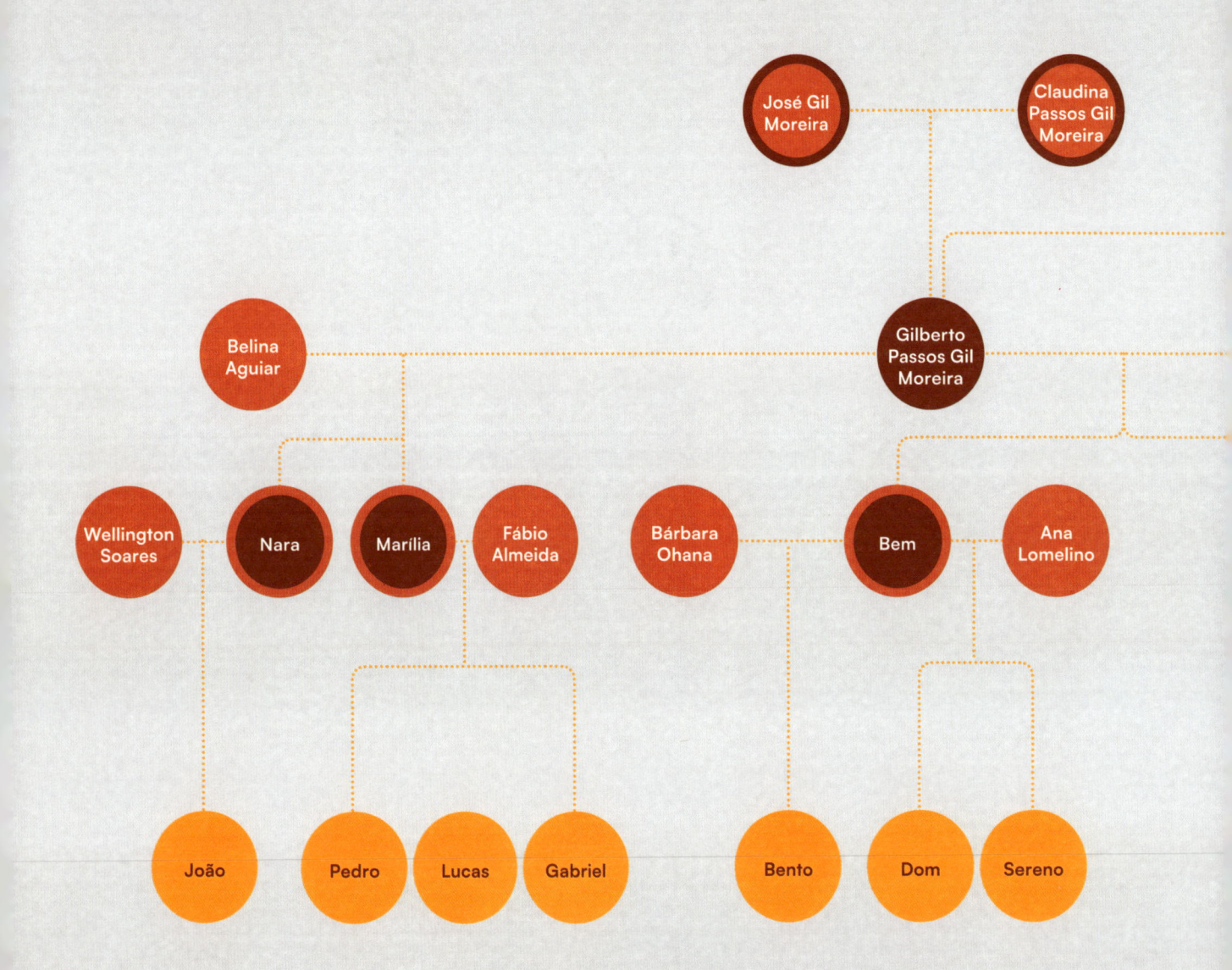

- José Gil Moreira — Claudina Passos Gil Moreira
  - Gilberto Passos Gil Moreira
    - (com Belina Aguiar):
      - Nara
      - Marília
    - (com Bárbara Ohana):
      - Bem
    - (com Ana Lomelino):
      - Bento
      - Dom
      - Sereno

- Wellington Soares + Nara → João
- Marília + Fábio Almeida → Pedro, Lucas, Gabriel

Legenda

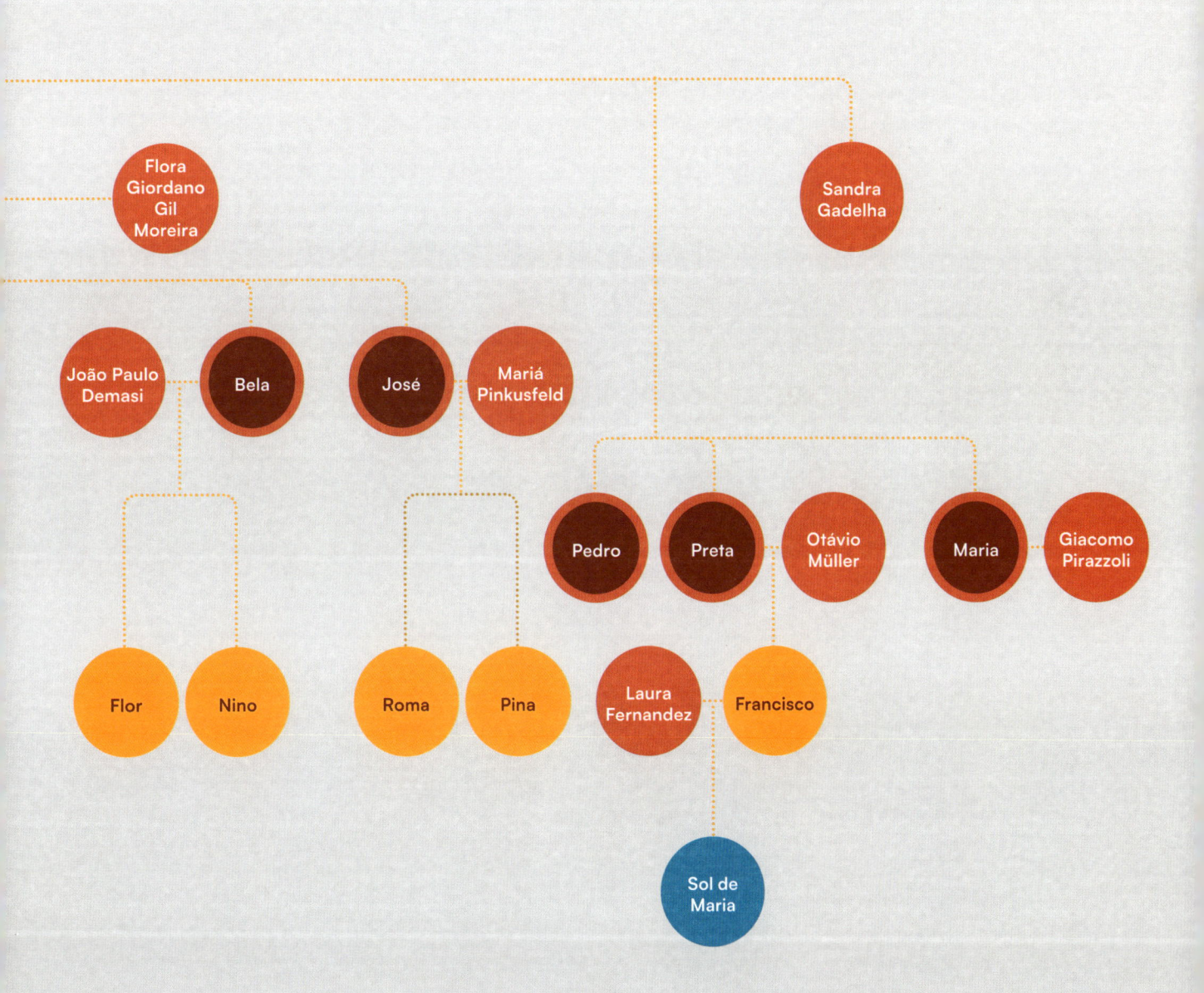

- Pais de Gil
- Gil
- Cônjuges
- Filhos e filhas
- Netos e netas
- Bisnetos e bisnetas

Árvore genealógica

- **Flora Giordano Gil Moreira**
  - **João Paulo Demasi** — **Bela**
    - Flor
    - Nino
  - **José** — **Mariá Pinkusfeld**
    - Roma
    - Pina
- **Sandra Gadelha**
  - **Pedro**
  - **Preta** — **Otávio Müller**
    - Francisco
  - **Maria** — **Giacomo Pirazzoli**
    - **Laura Fernandez** — Francisco
      - Sol de Maria

Gilberto Gil

Baiano de Salvador (1942), Gilberto Gil é uma das figuras mais reconhecidas da cultura popular brasileira. Tem desenvolvido uma das mais relevantes carreiras como cantor, compositor, músico e político há mais de 60 anos, com mais de 70 álbuns lançados e em torno de 4 milhões de cópias vendidas, tendo sido premiado com 9 Grammys.

Em 1979, o cantor e compositor assumiu o cargo de membro do Conselho de Cultura do Estado da Bahia, sendo o primeiro negro a ocupar essa posição. Alguns anos depois, com a retomada democrática no Brasil, já em 1987, tomou posse na presidência da Fundação Gregório de Mattos, responsável pelas políticas culturais de Salvador; em seguida, entre 1989 e 1992, foi vereador da capital baiana. Para culminar essa faceta política, em 2002 foi nomeado Ministro da Cultura e passou a circular também pelo universo sociopolítico, ambiental e cultural internacional.

Pelo engajamento criativo em levar para o mundo o coração e a alma da música brasileira, tem sido contemplado por diversas entidades, que já o nomearam, entre outros, Artista da Paz pela Organização das Nações Unidas para a Educação, a Ciência e a Cultura (Unesco) e Embaixador da Organização para a Alimentação e Agricultura da Organização das Nações Unidas (FAO-ONU), além de lhe concederem condecorações e prêmios diversos, como a comenda da Legião de Honra da França e o Prêmio Polar de Música da Academia Real Sueca de Música.

O reconhecimento de sua vida e obra mais recente veio com a nomeação de Doutor Honoris Causa pelo Berklee College of Music e de imortal pela Academia Brasileira de Letras (ABL) para ocupar a cadeira de número 20.

Daniel Kondo

Gaúcho de Passo Fundo (1971), Daniel Kondo viveu muitos anos em São Paulo, onde desenvolveu boa parte de sua carreira profissional na publicidade, migrando gradualmente para o design editorial e para a ilustração.

É conhecido por parcerias inusitadas entre universos de múltiplas linguagens, como na música, em parceria com Lulu Santos, no livro *LULU Traço e Verso* (Pancho Sonido, 2020), e com Fernanda Takai, no livro *Quando Curupira encontra Kappa* (WMF Martins Fontes, 2023). Com o livro *TCHIBUM!* (Cosac Naify, 2009), lado a lado com o campeão olímpico Gustavo Borges, foi premiado na Feira Internacional de Bolonha (menção honrosa no prêmio *New Horizons*).

Em 2022 recebeu o Prêmio Jabuti na categoria Livro Infantil com o título *Sonhozzzz* (Salamandra), em parceria com Silvana Tavano.

Com o livro *O vermelho vaidoso*, em parceria com Alejandra González, publicado por esta editora, conquistou o prêmio *The Braw Amazing Bookshelf*, na categoria Opera Prima, da Feira Internacional do Livro Infantil de Bolonha em 2023.

Atualmente, reside em Punta del Este, no Uruguai.

Nós, a gente — Livro da turnê de Gilberto Gil e Família
Todas as canções compostas por Gilberto Gil - 100% © Gege Edições Musicais
Copyright da arte © 2023, Daniel Kondo
Copyright © 2023, Editora WMF Martins Fontes Ltda., São Paulo, para a presente edição.

1ª edição 2023

Coordenação executiva
Flora Gil

Coordenação editorial
Daniel Kondo

Assessoria editorial
Eveline Alves

Organização
Guilherme Gontijo Flores

Edição de arte
Adriana Fernandes

Preparação de texto
Fernanda Alvares e Cristina Yamazaki

Revisões
Giovana Bomentre e Ricardo Liberal

Produção gráfica
Geraldo Alves

Impressão e acabamento
PlenaPrint Indústria Gráfica

Dados Internacionais de Catalogação na Publicação (CIP)
(Câmara Brasileira do Livro, SP, Brasil)

Gil, Gilberto
   Nós, a gente / Gilberto Gil + Daniel Kondo ;
organização Guilherme Gontijo Flores. -- São Paulo :
Editora WMF Martins Fontes, 2023.

   ISBN 978-85-469-0469-3

   1. Famílias - Histórias 2. Gil, Gilberto, 1942-
3. Música popular - Brasil - Letras I. Flores,
Guilherme Gontijo. II. Título.

23-156945   CDD-781.630981

Índices para catálogo sistemático:
1. Canções : Gil, Gilberto : Música popular brasileira :
História   781.630981

Eliane de Freitas Leite - Bibliotecária - CRB 8/8415

Todos os direitos desta edição
reservados à Editora WMF Martins Fontes Ltda.
Rua Prof. Laerte Ramos de Carvalho, 133
CEP 01325-030 • São Paulo • SP • Brasil
Tel. (11) 3293-8150
e-mail: info@wmfmartinsfontes.com.br
http://www.wmfmartinsfontes.com.br